“中非法三方合作论坛”

集　萃

王战　主编

WUHAN UNIVERSITY PRESS
武汉大学出版社

图书在版编目(CIP)数据

“中非法三方合作论坛”集萃/王战主编. —武汉：武汉大学出版社，2015.12

ISBN 978-7-307-17208-1

Ⅰ.中… Ⅱ.王… Ⅲ.国际合作—中国、法国、非洲—文集
Ⅳ.D8-53

中国版本图书馆 CIP 数据核字(2015)第 281260 号

责任编辑:黄 殊 责任校对:汪欣怡 版式设计:马 佳

出版发行：**武汉大学出版社** (430072 武昌 珞珈山)
(电子邮件：cbs22@whu.edu.cn 网址：www.wdp.com.cn)

印刷:虎彩印艺股份有限公司

开本：720×1000 1/16 印张:15.5 字数:222 千字 插页:1

版次:2015 年 12 月第 1 版 2015 年 12 月第 1 次印刷

ISBN 978-7-307-17208-1 定价:39.00 元

序　言

非洲56个国家，法语国家占31个，具有地缘优势。与此同时，中国对非洲的基础研究甚少，对非洲法语国家的研究更是寥寥无几。因此，武汉大学法语系于2011年成立了“法语国家研究中心”，将非洲法语国家作为研究的重点，为中国政府战略和中国在非洲投资企业服务。成立伊始，中心就积极与中国商务部、教育部、卫生部和法国开发署、非洲科特迪瓦大使馆联系，与非洲贝宁大学、法语国家圣格尔教学网络及法语国家大学联盟合作，有了一定的前期积累和成果，发表了《我国中小型企业实施走向非洲投资战略关键途径和政府作用》、《中国政府在非洲公共投资分析》和《非洲的法国研究概览》等10多篇论文。其中发表在法国《技术金融与发展》的文章《中国政府在非洲公共投资分析》被法国国务院总理直属杂志《经济问题》收录。“法语国家研究中心”为中国卫生部和中国在非洲投资的企业提供了相关的咨询和培训服务。

中法非三方合作是“法语国家研究中心”的重点研究对象。因为法国和非洲法语国家都处于一带一路沿线。法国是世界上的强国之一，其高端制造业、高科技产业和创新产业在世界处于领先地位。它是第一个与中国建立外交关系的西方国家。改革开放以来，中法在政治、经济、文化、教育、科技、环保、卫生、医学和军事等领域开展了全方位的合作。非洲国家，尤其是非洲法语国家与中国在国际舞台上相互支持，在政治、经济文化领域开展了长期的合作；中国在基础设施、医疗、卫生、教育、电力等领域给非洲国家力所能及的援助。

目前，非洲大部分国家进入工业化阶段，其自身发展既需要欧洲的尖端技术，也需要中国的制造技术。法国作为 31 个非洲法语国家的宗主国，其政治、经济、文化影响力覆盖几乎整个非洲。法国政府在教育、经济、环保和政权建设对非洲给予支持。处于增长模式和产业结构调整的中国与非洲国家有着长期的合作，希望将经验、技术和优势产业推介给非洲，在工业制造、能源资源、建材轻工、港口设施、电力电网、通信网络、现代农业以及原材料深加工等领域加强产业合作，实现中非产业发展战略对接。另外，中国在非洲基础设施建设和公共卫生系统完善和非洲安全机制建设方面也给予大力支持。

中国和法国既有传统的合作，又都在非洲具有投资。中法双方在科技、产业、教育等领域可以进行错位和互补合作，共同开发非洲第三方市场。中国与法国携手到非洲法语国家开拓第三方市场，做到三赢。中法非三方合作是国际舞台上的一种新模式，必将成为国际合作的典范。

在此背景下，“法语国家研究中心”与中国欧洲学会法国研究分会、法国研究中心和法语国家研究中心于 2014 年 10 月 13 日在武汉大学共同举办“中国、法国和非洲三方合作”论坛，邀请了长期从事中国、法国和非洲研究和实务工作的政府官员、专家学者和企业家代表相聚一堂，见证各自经验，交流相互看法，通过观点沟通和思想碰撞，探讨三方合作的潜力，探索合作路径，形成一定的学术思考，以期为国家战略决策服务。

《“中非法三方合作论坛”集萃》是本次论坛的结晶，我们收录了参加论坛的政府官员、专家学者和企业家代表的论文，也征集了国内相关学者的文章，编辑成集，让大家分享，更希望达到抛砖引玉的效果。

最后，要感谢武汉大学出版社所有工作人员为此书出版发行付出的辛勤劳动，尤其要感谢游径海和黄殊两位编辑为此书付梓给予不遗余力的支持。

本书不足之处，欢迎大家批评指正！

王　战

2015 年于武昌珞珈山

目　　录

安　　全

经　　济

教　　育

医疗援助

合　作

其　他

安　　全

中国和法国应在非洲安全领域加强合作

张林初
中国国际问题研究基金会

2014 年 5 月 5 日，李克强总理在非洲联盟会议中心发表的演讲中指出，非洲是世界政治舞台上的重要一极，非洲是全球经济增长新的一极，非洲是人类文明的多彩一极。在经济全球化的今天，中国和法国的发展需要非洲，非洲的发展同样需要中国和法国。然而，非洲的安全形势十分严峻，中国和法国应该在非洲安全领域加强合作。

一、非洲安全面临严峻挑战

进入新世纪以来，非洲的和平发展势头日趋强劲，政治相对稳定，经济快速发展，引起了国际社会的高度关注和重视。然而，非洲的安全形势依然相当脆弱，面临的挑战十分严峻。

（一）国家和地区冲突不断

既有因选举纠纷而引发的如科特迪瓦内战，也有因“阿拉伯之春”触发的突尼斯和埃及的剧烈政治变革和社会动荡，还有因西方国家武力介入而爆发的利比亚战争。不少国家部族冲突和宗教矛盾仍然存在。建国才三年的世界最年轻国家南苏丹于 2013 年底又重新陷入战火。2014 年，非洲山国莱索托发生军事“政变”，动荡不定的利比亚又陷入内乱，两派民兵武装间的武装冲突愈演愈烈。

（二）恐怖活动呈现扩大之势

非洲三大恐怖组织——北非“伊斯兰马格里布基地组织”、索马里“青年党”和尼日利亚的“博科圣地”十分活跃，发动了阿尔及利亚天然气田人质事件和内罗毕购物中心的恐怖袭击事件。北非“伊斯兰马格里布基地组织”进入马里北部后，与该地区的图阿雷格族反政府武装联手，一度占据了马里的半壁江山。

（三）非传统安全威胁突出

粮食安全问题十分严重，非洲在 2005 年、2008 年和 2012 年三次遭遇粮食危机，至今仍有 1100 万人处于粮食无保障状态。卫生安全状况更是令人担忧，2014 年以来埃博拉病毒肆虐，截至 2014 年 10 月 10 日已造成几内亚、利比里亚、塞拉利昂和尼日利亚等国 4000 多人死亡。亚丁湾、索马里海域海盗猖獗，对国际航行造成极大的威胁。

二、中国和法国应在非洲安全领域加强合作

中国是非洲的友好国家，法国是非洲 20 多个国家的原宗主国，中法两国与许多非洲国家有着良好的合作关系。非洲是中国和法国商品的重要市场，也是中国和法国能源和原材料的重要来源地。中国和法国的发展都需要非洲，都希望非洲和平发展。中国和法国的安全和发展与非洲的和平和繁荣息息相关。面对非洲严峻的安全形势，为了非洲的发展和中法两国各自的战略利益，中法两国应在非洲安全领域的以下方面加强交流合作。

（一）加强在非洲集体安全机制建设方面的交流合作

进入新世纪以来，随着经济社会的发展，非洲问题由非洲人自己解决的意愿，不仅呼声越来越大，而且已经开始筹划非洲集体安

全机制建设。

中国高度重视非洲集体安全机制建设。早在 2012 年中国就发起“中非和平安全合作伙伴倡议”，以深化同非洲联盟和非洲国家在非洲和平安全领域的合作。2014 年 5 月，李克强总理在访问非洲时指出：“我们将深入落实‘中非和平安全合作伙伴倡议’，积极探讨向非洲常备军和快速反应部队的建设提供帮助，支持非洲集体安全机制建设，与非方共同拓展在人员培训、情报共享、联演联训等方面的合作，帮助非方增强维和、反恐、打击海盗等方面的能力。”

法国 2013 年版《国防与国家安全白皮书》指出：“支持非洲国家构建集体安全机制是法国对非合作发展政策的优先，要努力发挥非洲联盟和次区域联盟的作用，让非洲人自己解决非洲问题。”2013 年 12 月 7 日，法国总统奥朗德在法国—非洲和平与安全首脑会议闭幕后宣布，法国承诺为非洲联盟建立快速反应部队的努力提供“军事方面的支持”，法国将每年为非洲国家培训两万名军事人员。法国还将与非洲国家在安全与防务力量建设、跨境安全合作以及非洲国家军队联合行动等方面展开合作。

中法两国都支持非洲集体安全机制建设，都愿为非洲快速反应部队的建设提供帮助，都承诺愿在人员培训、装备提供方面给予支持。中法两国可以在非洲集体安全机制顶层设计方面进行沟通，为非洲提供切实可行的方案。同时还可以在装备提供和人员培训等方面进行协作，发挥各自优势。

（二）加强在非洲维和方面的交流合作

中国是联合国安理会五个常任理事国中向非洲派遣维和人员人数最多的国家，法国是在非洲驻军最多的国家。中法两国应该也可以在非洲维和方面加强交流合作，共同维护非洲的和平与稳定。

支持和积极参加联合国的维和行动，是中国在认真履行国际责任和义务。2002 年中国首次向刚果（金）派遣成建制维和部队，2013 年中国首次向马里派遣成建制警卫部队。中国迄今已参与 16 项联合国在非洲的维和行动。目前，中国在非洲的苏丹、南苏丹、刚果（金）、利比里亚和马里五个任务区执行维和任务。其中，赴联合国刚果（金）稳定特派团工兵、医疗分队共 218 人；赴联合国利比里亚特派团工兵、运输和医疗分队共 558 人；赴联合国南苏丹特派团工兵、医疗分队共 338 人；赴联合国非盟达尔富尔特派团工兵分队 315 人；赴联合国马里特派团工兵、警卫和医疗分队 395 人；并在西撒哈拉等地区派有军事观察员，共有维和人员和军事观察员 1800 多名。2014 年 9 月，中国又决定将向南苏丹派遣一个 700 人的步兵营，执行维和行动。

法国 2013 年版的《国防与国家安全白皮书》中指出："非洲对法国的安全尤为重要，从毛里塔尼亚到非洲之角的整个萨赫勒地区以及撒哈拉以南的大部分地区是法国的优先利益区。"目前，法国与塞内加尔、科特迪瓦、多哥、喀麦隆、加蓬、中非、科摩罗、吉布提 8 个非洲国家签订了防务协定，与 16 个非洲国家签订了军事技术合作协议。法国在非洲的塞内加尔、加蓬、吉布提等国拥有军事基地。在塞内加尔、加蓬、吉布提和印度洋驻有 5100 多名预先部署部队。在科特迪瓦、乍得、中非、马里和亚丁湾、索马里海域部署有 6400 多名军人，从事海外军事行动，并在多个地区执行维和行动。

中法两国在非洲维和方面的交流合作似可包括多个层面：一是维和经验的交流；二是战术的交流；三是相互提供保护。法国总统外交顾问燕保罗曾表示，如果中国维和部队遇到困难，驻马里的法军愿意提供一切必要的帮助。

（三）加强在亚丁湾、索马里海域打击海盗的交流合作

2014 年 3 月 19 日，中国海军第十六批护航编队一行 15 人，登上欧盟第 465 编队指挥舰法国海军的"西罗科风"号船坞登陆舰，就中欧反海盗联合演练有关细节进行战术磋商。这是中国海军护航编队与包括法国在内的欧盟海军护航编队在亚丁湾、索马里海域就合作打击海盗进行交流的一幕。

近几年来，亚丁湾、索马里海域海盗频现，严重影响国际航道的安全。中国海军从 2008 年年底开始在亚丁湾、索马里海域开始护航行动。迄今中国海军已经连续、常态化派出了 18 批编队执行

护航任务，为5670余艘中外船舶实施了安全护航，成功解救、接护和救助了60余艘中外船舶，并持续保持着被护船舶和船员两个百分之百安全的纪录。今年9月，中国又派出潜艇赴亚丁湾、索马里海域，抵近海岸监视海盗动向，搜集侦听恐怖分子通讯，与中国海军护航编队一道执行护航任务。

法国也从2008年起，常年派出1艘护卫舰和1架海上巡逻机参加由欧盟成员国法国、英国、意大利、希腊等10国组成的代号为“阿塔朗特”欧盟亚丁湾、索马里海域护航编队，并以法国在吉布提的基地为依托，为欧盟护航编队提供后勤支援。

为更加有效地遏制海盗在亚丁湾、索马里海域的猖狂活动，中法两国海军应该在以下方面开展合作：（1）就联合打击亚丁湾、索马里海域海盗问题共同提出建议，支持相关地区国家共同努力；（2）加强反海盗的情报交流；（3）加强反海盗的技战术磋商；（4）加强后勤保障的合作。目前，中国海军在亚丁湾、索马里海域尚无补给基地，而法国在吉布提拥有庞大的海空基地，中法加强在后勤保障方面的合作应有所作为。

（四）加强在非洲非传统安全领域的交流合作

2014年9月1日，中国派出由中国人民解放军援非医疗队和中国疾病预防控制中心专家组成的埃博拉病毒检测队赴塞拉利昂工作。无独有偶，9月5日，法国宣布向几内亚派出军事医疗队，帮助几内亚抗击埃博拉疫情。

自1963年首次向阿尔及利亚派遣医疗队以来，中国已先后向非洲51个国家和地区派遣了约两万名医生，救治了数以亿计的非洲病人，为非洲培养了数以万计的医护人员。今天，中国医疗队仍在非洲43个国家和地区工作。法国也向许多非洲国家特别是法语非洲国家派遣了众多医疗队。中法两国有条件在医疗领域加强交流合作，特别是在埃博拉疫情在非洲肆虐的时期，更应与国际社会一起加强交流合作。

2013年3月下旬，中非共和国局势恶化，反政府武装联盟“塞雷卡”进入首都班吉，占领总统府，各国侨民纷纷撤离。在中国驻中非共和国外交官协助中国侨民撤离的队伍中，出现了两辆法国装甲车的身影，这是法军应中方要求为中国侨民撤离提供的武装保护。

随着越来越多中国企业与民众走进非洲，移居非洲的华侨华人日益增加，上百万乃至数百万中国人在非洲的安全备受关注。2011年，4万多中国人从利比亚大撤离的情景至今令人记忆犹新。法国是非洲许多国家的原宗主国，与非洲众多国家有着千丝万缕的关系，在非洲也有几十万侨民。在遇到驻在国发生战争或军事“政变”等突发事件时，中法两国可以发挥各自优势，更好地协作，保护两国在非洲侨民的安全。

近几年来，非洲的恐怖活动呈现扩大之势，甚至一些中国和法国的恐怖分子也窜到非洲活动，中法在非洲的外交官和侨民的安全经常受到威胁，甚至会遭到绑架。因此，为了非洲的安全和稳定，为了中法两国的利益和两国外交官与侨民的安全，中法两国应该加强情报交流，相互协作，共同打击恐怖分子。

三、中国在中法加强非洲安全领域合作中需注意的几个问题

中国和法国在非洲安全领域的合作政策性很强，同时也是一个十分敏感的问题，不仅中法两国的安全外交政策有异，而且非洲各个国家的国情也千差万别。中法两国在非洲安全领域的交流合作，既有合作，又有竞争。因此，中国在中法加强非洲安全领域合作中需要注意以下几个问题。

（一）中国应强调和支持联合国在非洲安全问题上发挥更大作用

联合国是当今世界最具权威的国际组织。中国应支持联合国在非洲安全问题上的协调作用，积极参与涉及非洲安全规则制度的制定，在法律层面上积极推进联合国尽快建立、健全和完善有利于非洲安全的相关国际公约，使非洲安全问题的解决有法可依。同时，

中国和法国在非洲维和、护航等非战争军事行动以及在反恐等非传统安全领域的交流合作，应仅限于经联合国授权的行动。

（二）中国应该积极支持非洲问题应由非洲人自己解决

近几年来，非洲联盟和非洲次区域组织积极调解地区冲突，并取得了一些成果。中国应继续坚持平等、不干涉内政的政策，更多地与非洲国家、区域组织和非洲联盟进行协调，呼吁国际社会，关注非洲的安全，倾听非洲的关切和主张，帮助非洲国家实现和平与稳定。中国应按照自己的安全外交政策和战略利益，积极支持非洲集体安全机制的建设，落实“中非和平安全合作伙伴倡议”，协助非洲国家增强维和、反恐、打击海盗等方面的能力。

（三）中国应加强与西方国家的沟通与协作

鉴于历史和现实的原因，除法国之外，美、英、葡等西方国家在非洲安全问题上仍扮演着重要角色，中国在参与解决非洲传统与非传统安全问题时，应与西方国家加强沟通与协作。例如，在亚丁湾、索马里海域打击海盗和护航问题上，任何国家都不可能为本国的每艘商船护航，只有世界各国海军密切合作，协同作战，才能有效地遏制海盗的猖狂活动，确保亚丁湾、索马里海域的安全。同时，中国还应加强与俄罗斯、印度等新兴大国在非洲安全问题上的沟通与协作。

（四）中国应帮助非洲提高自主发展能力

贫困是非洲长期动荡不安的最主要原因。中国应通过坚持平等相待、团结互信、包容发展、创新合作这四项原则，推进产业合作、金融合作、减贫合作、生态环保合作、人文交流合作、和平安全合作等六大工程，完善中非合作论坛平台”的“461”工程，打造中非合作升级版，帮助非洲发展经济，从根本上提高非洲的安全保障能力，以实现非洲的持久和平与稳定。

安全治理视角下的中、非、法三方安全合作

王　毅

中国国际问题研究院全球治理研究中心

2014年是“一战”100周年。100年后的今天，世界格外动荡不安，与“一战”时期相比有很多惊人的相似之处：安全问题突出，安全治理失序，大国尖锐对立，军备竞赛加剧。日本京都大学教授中西宽在《与“一战”前不吉的相似性》一文中说：“2014年逐渐作为一个转折年份被历史长河铭记。在“一战”爆发100周年，同时也是柏林墙倒塌25周年的今年，世界局势迎来冷战结束以来最剑拔弩张的局面。”9月24日美国总统奥巴马在联大发言时将“埃博拉”、“俄罗斯”和“伊斯兰国（IS）”列为“当今世界三大威胁”，称：“这个世界仍然很不安定……当我们聚集在此时，埃博拉病毒在击溃西非公共卫生系统的同时正快速向周边蔓延；俄罗斯在欧洲咄咄逼人的态势令人回忆起某些大国为实现其领土雄心而践踏小国的历史；而在叙利亚和伊拉克肆虐的恐怖组织IS又把我们逼到黑暗的最深处。”

美国学者史密斯和斯托克斯认为，当前和新兴安全威胁的数量和复杂性及其相互关系，可能至少同过去的挑战一样令人生畏。从国家到个人的行为体把竞争同国家间、区域间和区域内以及全球范围内的合作混合在一起，经济、安全和外交领域的互动彼此重叠。当今时代被称为“极其复杂的”时代。进入2014年以来，全球各种安全矛盾与冲突相互交织、多点集中爆发，乌克兰危机使美欧俄

面临“新冷战”，中美日因领土和海洋问题引发争端，中东进入新一轮动荡期，极端恐怖势力迅速坐大，围绕网络、信息、气候、海洋、极地、太空等安全“新公域”的斗争激烈，非洲更是成为传统安全和非传统安全的重灾区。布鲁金斯学会高级研究员罗伯特·卡根说：“单独看来，这些问题既不是前所未有的，也非难以应对。但加在一起，它们却是迹象，表明事情正在发生变化，而且变化的速度超出我们的想象。它们可能预示着朝着一种不同的世界秩序或一种世界混乱的过渡。这种秩序或混乱是20世纪30年代以来未曾见到的”。可见，在安全领域加强全球和区域治理的必要性和紧迫感日益突出。

一、全球安全治理面临严峻挑战

冷战结束后，国际安全研究出现了新变化：安全内涵从军事安全转向包括军事安全在内的综合安全，安全研究主体也从国家单一主体转向包括国家在内的多元主体。非传统安全问题日益突出，军事力量不再是安全的唯一潜在威胁，恐怖主义、非法移民、环境污染、能源资源等非军事议题成为安全研究的对象。随着后冷战时代安全概念的延伸和安全议程的扩展，安全治理日益受到重视，安全治理的全球与区域实践也在不断发展。安全治理是一种在缺少中央权威的情况下通过相互关联的政策决策及其实施所形成的结构和进程，在这一结构和进程中，一系列公共与私人行为体能够协调其相互依赖的需求与利益。

安全治理是全球治理中的重要内容，因涉及国家的根本安全和核心利益，以及美西方长期秉持“冷战”思维，采取双重标准等因素的影响，安全治理一直明显落后于其他全球治理领域。尤其是今年国际安全形势严峻，全球安全治理雪上加霜，面临如下挑战。

（一）全球安全治理处于失序状态

经济全球化的迅速发展和全球金融经济危机的冲击，使得各国对经济安全高度关注。全球和区域性经济合作发展迅猛，但对全球和地区安全的有效管控相对滞后，造成全球、地区安全协调机制难以有效应对安全领域出现的新争夺、新较量，安全治理面临失控危险，联合国及安理会的作用遭到质疑。卡根认为联合国的部分宗旨是“掩盖”美国的实力将会在新的世界秩序之下发挥的核心作用——就是说将其掩盖起来，使美国人无法意识到。安理会等一些国际、区域安全机制虽在维护世界和平与稳定方面的作用与影响无可替代，但在应对日益复杂的全球安全环境、“新公域”安全、乌克兰危机、中东、非洲局势动荡、恐怖主义等问题上，安理会及区域安全组织暴露出能力有限、应对乏力的弊端。欧安组织、北约无力解决欧洲面临的安全危机，亚洲、非洲缺乏区域性、协调性和高效的安全架构，一些次区域性安全机制虽有发展，但在应对海洋争端、恐怖主义泛滥、网络攻击、大规模武器扩散、流行病传播等跨区域性威胁面前，却显得能力不足。安全治理失序的主要原因是，国家利益的冲突制约着全球和区域安全治理的运行，战略互信的缺失阻碍着全球、区域安全治理的发展，安全治理机制与制度的不足影响安全治理的实施。

（二）安全问题导致大国关系进入“不稳定期”，不利于包括安全领域的全球治理构建

国际力量格局发生的巨变，客观上要求各国，尤其是大国确立共同治理的理念与体系。然而发达国家和新兴大国间缺乏基本的安全信任，不可避免地影响了全球和区域治理合作。大国关系进入“不稳定期”，与当前全球治理的“重构期”重叠，给亟待加强和完善的全球共同治理增加了难度。亚欧大陆上东西两端出现的干预与反干预、围堵与反围堵的较量，暴露出中俄与美西方的深层次矛盾，一场强化自身防务与安全、构建于己有利的安全架构的竞争不可避免，各国陷入安全困境的困扰。从约翰·赫兹对安全困境的阐述中可以看出：“在无政府状态的国际环境中，民族国家（或地区）间的相互不信任、相互惧怕，使安全成为首要目标。为获得安全，各国竭力增加军费，力图获得军事上的优势，改善自身的安全状况。但由于军备竞赛是互动的、无休止的，一国的军事优势很

快被其他国家同样的扩军努力打破，因此使得绝对的安全变得不可能，各国陷入了一种无从解脱的困境之中。”① 北约再三要求成员国增加军费，中俄战略协作伙伴关系空前密切，原本集中在经济领域的南北方较量正向安全上的东西矛盾转化。对于中俄加速战略协作，俄罗斯外交与国防政策委员会主席团主席费奥多尔·卢基扬诺夫表示，不能期待伙伴关系毫无波折——如此规模的两个国家不可能没有矛盾和利益冲突。但世界发展的客观规律促使莫斯科和北京彼此靠拢，这一新阶段将开辟新机遇，为此冒一定风险是值得的。②

（三）安全治理的边疆不断扩大，治理效率却明显滞后

网络、海洋、气候、粮食安全、水资源、预防传染病、北极、天空等安全“新公域”问题日趋突出，表明治理新边疆不断拓展。但在讨论和制定全球安全治理新规则、新制度、摒弃“冷战”思维树立新安全观、明确反恐标准等方面，却呈现出难以协调、各自为政、自说自话的局面。巴以冲突不断，中东、非洲恐怖势力得以坐大，与美西方在巴以、反恐等问题上长期采取双重标准不无关系。安全因素上升促使各国增加对安全领域的投入，降低和影响对其他治理领域的关注。

二、非洲安全治理的“战略真空”

在全球安全治理面临严峻挑战的大背景下，非洲地区在内外因素综合作用下安全形势更加令人担忧。

自非洲国家独立以来，安全问题一直是困扰其发展繁荣的关键问题之一。进入新世纪之后，非洲面临的安全挑战有增无减。内部冲突、边界争端、军事叛乱等传统威胁持续，同时，恐怖主义、粮

① 范明英、孙增超．“安全困境”概念、成因及其实践超越［J］．长白学刊，2006（3）：39.

② 卢基扬诺夫．符合逻辑的伙伴关系［N］．俄罗斯报，2014-05-21.

食安全、水资源、能源、小武器扩散、难民以及疾病传播、气候变化等非传统安全威胁不断涌现。非洲成为各种传统安全威胁与非传统安全威胁相互交织的重灾区，成为世界上最不安全的大陆，严重影响非洲自身及全球的和平与稳定。

（一）非洲虽高调呼吁联合自强应对危机能力，加强安全治理，但言易行难

自2002年非盟成立以来，安全一直在非盟议程中占据重要地位。非盟宪章规定，促进非洲大陆的和平、安全和稳定是非盟的重要目标之一。为了促进非洲和平与安全目标的实现，近年来非盟一直致力于建构非洲集体安全机制，提升非洲自主维持安全的能力。2014年1月，第22届非盟首脑会议的主题为“农业和粮食安全”，但多个国家和地区的战乱和人道主义危机使得非洲安全成为会议焦点。会议强调，“非洲必须采取一切必要手段加速建立一支快速反应部队、加强自身应对危机的能力；非洲各国必须团结一致，自己解决自己内部的冲突和所面临的危机”①。然而非洲快速反应部队的建立一拖再拖，迟迟未能建立，非洲国家在建设区域安全问题上举步维艰。主要原因在于，其一，非洲国家政权的脆弱性。非洲有许多政基不稳或是“脆弱”、“失败”的国家，但它们却是非洲政治舞台的最基本单元。非洲国家的政权特性，使它们的国家难以担当应对与解决非洲安全所面临的种种挑战，其本身也构成了非洲不安全的主要因素。其二，各种非国家行为体开始参与并影响非洲安全问题的解决。这种新的安全合作框架和政策导向超越了非洲国家中心主义模式，强调从个人、次国家、国家、地区乃至全球的多层面、多角度来处理安全问题。它所应对的威胁挑战也超越了国家间的军事威胁，涉及各种传统和非传统安全威胁。其三，随着民族国家的进一步发展，殖民统治遗留下来的国家认同问题、跨界民族问

① 郑治．第22届非盟首脑会议闭幕　呼吁加强危机应对能力[EB/OL].(2014-01-31)[2014-02-01].http://gb.cri.cn/42071/2014/02/01/6071s4410922.htm.

题日益挑战现有民族国家的合法性。大部分非洲弱国自身面临着国内合法性的深刻危机，它们沿袭着新世袭制度主义的政治文化，在内外政策的制定与执行中都遵循着个人生存的政治逻辑。一些非洲国家面临国内执政地位不稳，尤其是部族分裂分子的挑战。厄立特里亚和南苏丹就成为非洲民族独立运动以来从非洲主权国家分离出来的两个国家。

因此，非洲问题由非洲自己解决的理念虽深入人心，但由于非洲经济贫困、自身解决问题的能力有局限以及外部势力严重干扰等因素的影响，非洲安全治理远远落后于自身发展需要。

（二）非洲安全治理严重依赖外部势力的干预和介入

非洲安全治理远落后于非洲经济治理，加上非洲地区组织资源与能力有限，安全问题的多样性与复杂性给非洲安全治理留下了巨大的“战略真空”，非洲安全既严重依赖外部援助和支持，又给各种邪恶势力渗入非洲以可乘之机。没有发达国家、新兴国家以及国际组织的强力支持，非洲问题难以得到解决。非洲安全治理逐渐分成全球层面（联合国、国际非政府组织、欧盟、中国、印度、美国、日本等）、非盟、次地区机构（南部非洲发展共同体、西非国家经济共同体、中非国家经济共同体、东南部非洲共同市场等）、国家、公民社会（包括非政府组织、私营军事公司）等五个层面。从表面上看来，只有全球层面为外部势力发挥影响的空间，但实际上，从非盟、次地区机构、到非洲国家以及公民社会，外部势力无不时刻地影响和渗透到每个层面的每个细胞，形成“内外兼治、外部为主、内部辅助”的混合治理模式。虽然非盟在应对危机和挑战时做出了不懈的努力，但由于非洲国家自身资源与能力的局限性以及西方大国的极力争夺，非盟用非洲方式解决自身问题的努力遭到挫折，甚至出现了非盟边缘化的趋势，致使一些陷入内乱和危机中的国家不得不向前宗主国发出求助信号。

以法国为例，近年来法国频频对非洲进行军事干预，就是凭借联合国、欧盟、非盟及地区国家的认可和呼应，打着“维和”或“人道干预”的旗号，使干预具备一定的合法性，避免被贴上“单边主义”、“新殖民主义”的标签。2011年西亚、北非变局中，法国率先承认利比亚反对派，积极联手英国推动联合国安理会通过在利比亚设立禁飞区的1793号决议，并率先发动和领导了对利比亚的多国军事行动。同年4月，法国介入科特迪瓦内政和大选，并最终采取直接军事干预将反对法国的败选总统巴博赶下台，支持当选总统瓦塔拉上台。2013年1月，在联合国、美国及北约的支持下，法国在马里开展“薮猫”行动，派出4000人的地面部队，与马里政府军和非洲维和部队共同打击反政府武装和伊斯兰极端势力。2013年12月，法国在中非共和国发起“红蝴蝶”行动，增兵1200人，以平息该国持续一年多的国内冲突。法国对非洲力度空前的军事干预表明，法国依然是非洲的“宪兵”，是西方实施所谓“人道干预”、“保护责任”理论的积极践行者。

（三）非洲急需国际合作应对安全挑战

当下非洲的当务之急，是需要通过国际合作应对呈急剧扩张之势的恐怖主义威胁、分裂势力战争和埃博拉病毒的蔓延。

首先，自北非动荡和利比亚战争后，非洲大陆一些国家的社会经济发展失衡，贫富差距不断扩大，宗教极端思潮泛起，宗教冲突和恐怖袭击不断升级，这些都已成为影响当今非洲安全与发展的主要因素。国际恐怖势力在贫困失序的非洲国家找到了温床，“基地”组织在西亚北非被不断打压后，开始向非洲渗透，北非“伊斯兰马格里布基地组织”不断向南向东挺进，并与非洲本土的恐怖势力同流合污，仅萨赫勒地带本土恐怖主义组织就有近30个，尼日利亚“博科圣地”的影响范围逐渐从尼东北部扩散至整个北部和中部地区，西非马里“伊斯兰马格里布基地组织”、中非共和国反政府武装“塞雷卡”、南北苏丹和东非索马里“青年党”等恐怖组织共同结成了遍布非洲的恐怖主义网络。

其次，传统安全威胁严重影响非洲大陆的安全与稳定。近年来非洲经历了北非大规模动荡、利比亚战争、科特迪瓦内战、中非内乱、南苏丹冲突等大大小小不下几十场冲突与战争。南苏丹冲突已导致约19万南苏丹人逃离家园。中非内乱已造成90多万人流离失所，在刚果（金），政府军与反政府武装“M23运动”之间几乎每个月都会发生较大规模的冲突。

（四）埃博拉病毒在西非地区肆虐

据世界卫生组织统计，截至9月22日，疫情最为严重的几内亚、利比里亚、塞拉利昂3国已累计出现埃博拉病毒确诊、疑似和可能感染病例共计5843例，死亡人数达2803人。世卫组织将其定性为“国际突发公共卫生事件”。

三、中、非、法三方开展安全合作的可能性

安全治理是国际关系学科的一个新概念，它反映了管理国际安全问题的权威日益碎片化的现象。随着全球化与相互依赖的深化发展，国内与国际、地区与全球之间的界限日益模糊，安全问题日益复杂化、区域化和国际化。任何一个国家仅凭一己之力不可能应对传统和非传统安全挑战，美国如此，脆弱、贫困的非洲更是如此。非洲国家需要包括中国在内的金砖国家和其他新兴经济体以不同于西方国家治理的方式，提供更多的安全公共产品，参与非洲的安全治理。

（一）非洲国家的需要

近年来，非洲经济的可持续增长与中国的经济发展日益呈现出共生共赢局面，但是，非洲国家面临的严峻安全挑战，非洲安全治理能力的低下及安全治理的“战略真空”，严重影响了非洲国家的经济建设和社会稳定，也进而影响到中国在非洲的经济利益和人员安全。而安全治理的高度依赖性使得非洲国家不仅需要全球层面、非盟、次地区机构、国家和公民社会这五个层次的支持，还需要借鉴包括中国在内的“志同道合”、与西方不同治理方式的新兴国家的治理经验。以非洲与欧盟关系为例，从《雅温得协定》到《非欧共同战略文件》，欧盟与非洲的制度化联系逐渐深化，但是欧盟成员国之间的博弈、欧盟的利己性和对非干预政策构成了欧非关系

的主要障碍。非洲国家通过不同途径表达出对欧盟从自身角度考虑的做法的不满，多位非洲领导人批评欧盟在制定对非战略时不与非洲国家进行协商。

非洲开始审视自身的发展模式和多样性选择。中国与非洲同处于复兴阶段，有着相同的历史遭遇和命运，存在着相互需求，双方能够为彼此提供有效的供给，这些都成为彼此相互依赖、形成“命运共同体”的基础。在非洲国家看来，西方在非洲的殖民侵略和武力干涉历史使其失信于非洲，而中国的国际身份和不断增长的实力为其在非洲的安全治理建设中发挥作用创造了有利的条件。近年来，中国在和平共处五项原则的基础上更多地参与和平调解、安全对话、冲突解决进程，在充分尊重当事国人民和多数政治派别的前提下，帮助有关国家增强自主决定发展方向，反对任何外力强行更改主权国家的政权，更强烈反对外部军事打压和侵略。中国在联合国维持和平框架下为一些非洲战乱国家和地区提供维和部队。2012 年 7 月在北京召开的中非合作论坛第五届部长级会议上，中国提出的有关加大力度支持非洲国家维护本地区安全与稳定的能力的《中非和平安全合作伙伴倡议》，受到广泛关注。中国海军在非洲东部海域实施的打击海盗行动，中国特使在苏丹等地的调解等努力，为增强非洲和平与稳定做出了重要贡献，因此，非洲国家对中国介入非洲安全治理寄予较高的期望。

（二）中国需要转变传统合作理念，加强对非洲安全治理的关注和投入

随着中国在非洲的经济、贸易、能源、投资和工程项目日益增多，中国在该地区也日益受到各种传统和非传统威胁，尤其是恐怖主义威胁，中国面临的经济、政治和安全的风险呈加剧之势。苏丹的达尔富尔地区、尼日利亚的尼日尔河三角洲等资源丰富地区是中国石油开发与合作的主要地区，但恐怖组织已将中国在这些地区的投资锁定为袭击的目标。

改革开放以来，中国的经济突飞猛进，对外双边、多边交往与合作更多的是围绕经济、经贸这条主线来展开，无论是跨地区的金

砖国家、中非合作，还是中国与周边国家的双边、多边合作机制等都是以“经济挂帅”为宗旨来进行的。本着“搁置争议、共同开发”思想，中国刻意回避在政治安全领域的合作以及安全机制的建设，重视经济贸易投资，忽视政治安全投资。2008 年全球金融经济危机后，中国在应对全球经济治理、建立二十国集团以及推动国际经济金融体系改革方面发挥了重要作用。然而近年来，随着全球和地区安全形势变化，中国外部安全环境日趋复杂，中国通过经济吸引力缓解国际社会疑虑的努力大打折扣，突出表明当下安全投资比经济投资更重要、更迫切。虽然安全治理的复杂性和艰巨性远高于经济治理，但针对当前全球和地区安全问题集中爆发，美俄在乌克兰危机直接较量，非洲、中东伊斯兰恐怖势力再度泛滥，西非埃博拉病毒肆虐等挑战，中国应转变治理观念，在国际社会大力倡导改革和建设新型全球和区域安全体系和制度，树立全球安全治理的道义大旗，将共同、综合、合作、可持续的亚洲安全观理念推广至非洲乃至全球范围，实现非洲治理领域中经济治理与安全治理的双轮驱动，改变以往对非合作“经济热热闹闹、安全静静悄悄”模式。

（三）中、非、法三方开展安全合作的可能性

在全球化及人类面临的共同威胁增多的大背景下，目前涉及非洲安全治理的双边、多边合作呈上升之势，非洲安全形势需要国际性集体努力和大国承当责任。法国作为原宗主国与非洲许多国家保持着千丝万缕般的联系，中法在全面战略伙伴关系的引领下正在积极探索在非洲开展第三方合作的可能性。近期，中国首次向马里派出维和行动的安全部队，参与由法军指挥的联合国马里稳定团，开启了中法两国在非洲合作的新模式。① 可见，中、非、法三方为提高非洲安全治理的能力与水平，增强非洲安全治理的国际合作，共同应对非洲面临的传统与非传统安全挑战，尝试进行三方合作的可

① 居伊．中法关系 50 年：合作的基础和新型关系的构建[J]．国际问题研究，2014（1）：94.

能性是存在的。

鉴于安全合作的敏感性及非洲国家对外来干涉、尤其是前宗主国的警惕和反感，有必要在实现中、非、法三方合作前确立合作原则、界定工作层面、限定合作领域。

一是确立合作原则。即各方必须在充分遵守《联合国宪章》、《非洲宪章》和“和平共处五项原则”的基本精神的基础上，以非洲的实际需要为出发点，以中国与非洲协商为前提，最终实现三方合作中的责、权、利的协调与统一。

二是界定工作层面。如前所述，非洲安全治理架构分成全球层面、非盟、次地区机构、国家、公民社会五个层面。五个层面均存在三方合作空间，可以建立三方定期的联系与沟通制度，以加强在安全评估、信息情报交流、协调维和反恐政策及应对其他非传统安全（传染病传播、粮食、水资源危机等）方面的合作。尤其是在联合国层面，中、法作为安理会常任理事国，可以利用安理会平台，推动建立关于非洲安全治理的综合战略，吸引国际社会对非洲安全的更多关注和投入。

三是限定合作领域。中国与法国政治制度不同、价值理念不同、对非洲国家的发展认知和影响不同，因此中、法不可能在非洲安全领域开展全面合作，但是却存在部分领域开展三方合作的可能。当前反恐、维稳、应对埃博拉病毒是非洲面临的三个迫切任务，也是中、非、法三方合作条件比较成熟、易于开展合作的三个重点领域。由于法国在非洲的特殊利益和拥有丰富的情报资源，又在发达国家中一直站在对非援助、反恐和维稳的第一线。中国则是安理会常任理事国中派出维和部队最多的国家，自西非 3 国中埃博拉疫情爆发以来，中国一直坚定地站在最前线。中、法在非洲应对共同威胁和挑战面前付出的责任与担当，为实现三方在有限度领域合作奠定较为扎实的基础。

近年来，中国明显加快参与全球治理的步伐，开始重视地区政治安全利益和社会经济利益的结合。继 2013 年中国首次倡议建立区域安全架构后，2014 年又提出亚洲新安全观。中国与非洲正在形成一套宏大的、全面而深入的合作体系，从吸取历史经验教训、团结发达国家和发展中国家以实现共同治理的角度出发，中、非、法三方探索出一条对各方有益的合作模式和经验，不仅符合中国提出的共同、综合、合作、可持续的新安全观理念，也将极大地促进非洲安全治理的多边合作，进而推动非洲逐渐建立起安全治理体系。

中法非在非洲和平维和能力建设中的合作前景

李洪峰
北京外国语大学

从非洲各国独立至今，和平与安全问题一直困扰着非洲的稳定和发展。边界冲突、民族冲突、极端势力和恐怖主义活动仍然不同程度地存在于不同地区。联合国和美法等西方大国在非洲和平问题的解决当中扮演着重要的角色，但是随着国际形势的发展和非洲一体化的推进，从 20 世纪 90 年代起，非洲自身在和平建设当中的角色和作用越来越多地得到国际社会和非洲国家的重视，被提上了非盟以及非洲各次地区组织的议事日程。非洲维和能力的建设面临着预算、人才、协调机制等多重因素的挑战，非洲各参与主体都希望在该领域中获得来自国际组织和伙伴国家的支持与援助，这为三方合作提供了契机。但是非洲地区情况和国际关系的复杂性也加大了三方合作的难度。中国和法国都是非洲国家重要的合作伙伴，如果能够在一定层面上实现和加强三方合作，将有利于非洲维和力量建设的长足发展。

一、非洲维和能力建设现状及其问题

从非统到非盟，安全问题从来就是非洲一体化进程中最主要的议题之一，也是多边合作最重要领域之一。20 世纪 90 年代，虽然联合国在非洲和平安全问题中扮演的角色越来越重要，但非洲自身维和力量建设也越来越成为非盟和非洲次地区组织关注的焦点，尤其是卢旺达大屠杀事件后，非洲国家更深刻体会到拥有非洲快速反应部队的重要性。2004 年 7 月，非盟成立了非洲和平与安全理事会，其职责是就非洲大陆内部的重大和平安全问题做出决策，尤其是决定是否授权非盟维和力量在成员国出现突发事件时进行干预。突发事件包括种族灭绝和屠杀、可能引发地区冲突的政局动荡、违反宪法的政府更迭等。此后，非盟维和部队逐步发展，并在非洲大陆冲突中发挥了积极作用。可以说，非盟在集体维和的机制、法理和实际操作方面都取得了显著成果。

20 世纪 90 年代也是次地区组织维和力量取得初步发展的重要阶段。西非经济共同体、中非国家经济共同体、东非政府间发展组织、南部非洲发展共同体和北方马格里布联盟这五个主要的次区域组织在集体维和领域中均有所行动。但是真正取得实际成果的首先当属西非经济共同体。该组织逐步发展成为一个能够在发生重大冲突时可以进行外交斡旋与军事干预的组织，其干预在利比里亚两次内战（1990—1997 年和 2003—2007 年）和塞拉利昂内战（1991—2002 年）中都发挥了关键作用。1999 年 12 月，西非经济共同体通过了“冲突预防、管理、解决和和平安全维持协定”。2001 年 12 月，又通过了“民主和良治”补充协定，以期对政治与安全的发展施加积极的影响。补充协定将冲突的预防和解决与共同体反对通过反宪法的手段获取政权的政治原则联系了起来，而且也使共同体可以在人权受到严重或广泛侵犯时由成员国进行干预。总体看，西非经济共同体的维和协调机制相对完备，覆盖了预防、维和、斡旋等不同环节。

非盟与非洲次地区安全机制原则上是一个整体，二者之间互相依存和协调。“非洲任何次区域安全机制都纳入了非盟的框架之下，这使得非洲集体安全机制得以建立起区域和次区域两个层次的纵深防御体系。非洲各次区域性自主维和力量成为非洲集体安全的第一道防线和当前非盟的主要倚重力量。”①

在非盟和非洲次地区组织两个层面上，其维和力量建设过程都

① 罗建波．全球化时代的非洲一体化理想、现实与出路[J]．现代国际关系，2006（8）．

面临着种种现实问题，需要得到国际社会的支持。首先，非洲自身经费预算与非洲维和能力建设目标之间还存在差距。非洲国家经济发展水平相对落后，能够承担的预算十分有限。其次，维和能力建设覆盖的领域呈多元化，包括机构设置、情报信息、人员培训、人口管理、警察体系、反恐等不同方面。非洲在人才储备和经验方面存在不足，都还需要来自外部的支持。第三，对于如何处理好国家间关系、进行跨国的协调、权限的定义等问题，非盟和非洲次地区组织还需要加强内部协商，完善相关机制。

在非洲和平安全问题方面，法国所发挥的作用是显著的，而中国近年来也加强了中非之间的和平安全合作。这为中法非的三方合作提供了一些契机，但是多边关系的复杂程度也在挑战这三方合作的可能性和发展前景。

二、法国参与非洲维和能力建设的优势

法国参与非洲维和能力建设具有独特的优势。

首先，在老牌殖民国家中，法国在非洲独立后保持了军事基地网络和驻军。这是比较独特的个案，为法国介入非洲维和能力建设提供了比较坚实的物质和人力条件。当前法军的军事基地等合作设施的地理分布都与非洲地区维和力量一一相对应，如达喀尔军事基地与西非国家经济共同体（CEDEAO）部队，利伯维尔军事基地与中非经济共同体（CEEAC）部队，吉布提军事基地和东非政府间促进发展组织（IGAD）部队等。这些基地向其驻扎区域周边国家的军队开放，可提供军事培训、军事训练和行动支持等方面的协助，并具备实地干预能力。军事培训一般包括三个层次：决策层、高官层和一般干部层。训练计划也包括三个层次：非洲大陆级、次地区级和国别级。行动支持分为三个部分：部队组成（如派临时驻扎的军队参加非洲维和力量）、任务支持（出资、出人、后勤保障）和对非洲部队的行动支持（出资、出人、后勤保障）。军事培训计划的进行主要依托在非洲建立的 17 所区域使命国家军校网络，其地理分布与军事合作相适应，集中在中西非的法语国家。

其次，法非关系的历史渊源为法国在非洲、尤其是法语非洲国家提供了广泛而牢固的人脉。法国领导人及政客与部分非洲各国领导人之间保持着密切的关系，非洲官方人际网络亦十分复杂，这为法国获取信息、参与斡旋、发表意见、影响决策提供了较好的条件。

再次，法非进行和平安全的机制相对成熟。1998 年，法国正式将“加强非洲维和能力计划（RECAMP）”纳入军事合作框架。2002 年起，该计划与非盟维和体系挂钩，非盟的非洲和平安全体系（AAPS）包括军队、警察和民事等不同部分，法国的举措也与之相适应，为之提供冲突管理、和平行动方面的各种支持，与非盟和平与安全委员会开展积极合作，并将其军事部署与非盟以及非洲地区性组织维和力量更好地链接。

法国与非洲前殖民地国家重新签署了防务合作协议，较好地支持了加强非洲维和能力计划。2008 年以来，法非新防务协议根据法国在当地是否有军事部署做出了相应的调整。协议明确指出，在存在军事部署的国家会为法国军队的日常生活和军事训练提供的便利条件。

最后，反恐和打击海盗也被纳入了法国支持非洲维和能力建设的范畴。法国支持非洲军事力量在其中发挥更积极作用，也是基于法国维和自身利益的需要。在非洲，法国反恐需求比较迫切的是北非、西非和萨赫勒地区。该地区是伊斯兰马格里布基地组织等恐怖主义武装组织活跃的地区，也是法国拥有经济利益和人员安全利益的重要地区。近年来这一地区多次发生法国人质事件，再加上马里的军事冲突，使法国更为重视在该地区的反恐合作，包括密切的情报合作，以预防和阻止恐怖主义组织在法国国内进行恐怖活动。从 2012 年至 2014 年法国的种种努力中可看出，法国计划完善在萨赫勒地区的据点体系，来更好地运作在该地区的反恐行动，其范围覆盖马里北部、尼日尔北部和利比亚南部地区。同时，法国也支持非洲次地区组织和相关国家提升打击海盗的能力。在几内亚湾打击海盗的合作中，法国提出了对几内亚湾国家安全部门的改革支持方案，注重在军事、司法、国内安全方面开展综合合作，全面打击海盗。

三、中国支持非洲维和力量建设的优势

我国与非洲在和平安全方面的合作起步较晚，远远落后于中非经济合作的步伐。与法国相比，我国无论是在物质资源还是在人脉资源方面，包括在合作机制方面，都存在相当大的差距。近年来，我国逐渐重视与非洲的和平安全合作，重视对非洲维和力量建设的支持，未来在该领域中的合作将有明显扩大。我国的优势主要体现在如下几个方面：

第一，我国综合国力的增强为中非和平安全合作提供了必不可少的物质条件。我国对非双边军事合作形式比较多元，物资和技术援助、用于购买军用物资的贷款和无偿资金援助、军事培训、高层交流与研讨等各种形式都存在并具备了一定的规模，既能够“走出去”，也能够“请进来”。依托经济发展，我国国防力量得以迅速加强，未来能够从人力资源、技术资源方面向非洲合作伙伴提供更大规模的支持。

第二，中非传统友好关系为中非和平安全合作的深化提供了良好的基础。“达尔富尔命题”是中国创造性介入非洲和平安全事务的一次重要尝试，体现了中国在应对国际压力过程中的努力，实际上也是中非友好关系长期积累以及中国在非影响力积累的体现，也是非洲国家对中国信任程度的体现。

第三，中国目前是联合国安理会五个常任理事国中派遣维和人员最多的国家（参见表 1），积累了丰富的维和经验。我国先后参与了联合国在莫桑比克、塞拉利昂、民主刚果、科特迪瓦、布隆迪、苏丹、西撒哈拉等国家和地区的维和行动，派遣了包括军事观察员、民事警察、工程和医疗工作者在内的各类人员。中国军事观察员的级别和作用有所提高，高级指挥官的人数也在增加。中国对非洲和平安全问题有了更深的认知，可以与非盟和非洲次地区组织分享维和经验。

表1　　联合国维和人员来源国统计（2014年1月）

国　家	维和警察	军事观察员	维和士兵	总计
中国	171	35	1980	2186
法国	43	16	898	957
德国	23	12	241	276
英国	2	0	280	282
日本	0	0	271	271
美国	86	6	22	114
联合国维和部队人数合计	13180	1857	83702	98739

【资料来源：http：//www. un. org/en/peacekeeping/resources/statistics/contributors. shtml。】

第四，我国正在不断加大与非盟进行和平安全合作的对话机制。我国向非盟派驻了大使，在非洲各地区拥有军事观察人员，在索马里海域有军舰护航，发展与次地区组织的相关合作也已经纳入了议事日程。对话机制的加强将进一步有利于我国支持非洲维和力量建设。

第五，中法两国政治经济关系友好稳定，在国际事务中的合作意愿较强，也为实现三方合作提供了一定的良好的条件。

四、中法非三方合作的前景：合作障碍与合作空间

加强非洲自身维和能力建设有利于非洲的和平与稳定，有利于非洲国家与人民的发展，同时也是符合非洲各大合作伙伴国家的利益的。在这个问题上，中国和西方国家已经基本形成共识。2008年10月，欧盟推出《欧盟、非洲与中国：走向三边对话与合作》政策文件，提出中、欧、非三边合作的机制机构和政策建议。这一切为开展中法非三方合作提供了良好的历史机遇。

不可否认的是，现阶段中法非在非洲维和能力方面进行三方合

作，还存在着一些客观障碍。首先，非常突出的一个问题是，中法两国在维持和平的理念和做法方面存在着较大的价值观差异。自中非全面发展战略伙伴关系以来，西方大国对于中非全面合作并不断深入的发展趋势始终抱有疑虑和一定程度的敌意，不断宣传中国威胁论，夸大中国对非发展的威胁；西方大国也不认同中国推行的“不干涉内政”和“冲突国同意”等原则，视之为多边集体行动的障碍，认为中国是被动参与，而当中国积极参与各方协调、推动问题的妥善解决时，又被指责为对非洲实行“新殖民主义”和“新干涉主义”；在武器出口与安全等问题的关系上，西方大国也坚持两种标准。观念的差异与冲突会影响到中法非三方合作的空间和效率。其次，法国在非洲和平安全问题中拥有较强影响力，并力求保持在非洲的影响力，其战略利益决定了法国对于中国具有一定的防范之心，不一定乐于看到中国在非洲集体维和力量建设中发挥积极作用。最后，非洲本土局势和国家间、民族间关系的复杂性不容低估，与法国相比，我国在情报占有、人脉关系等方面的差距还很大，中法之间的参与能力等差异也会影响到三方合作的建构。

但总体来看，基于非洲的需求和中法各自具备的优势，中法非仍然可以在以下几个方面努力探讨合作的可能性。

第一，在冲突预防、维持和平、战后重建等方面进行经验共享。在这方面，三方研讨会的形式已经得到采用，可予以合理的推动。我国可以借机充分展示我国参与联合国维和的经验体会，结合具体经验，在人口管理、民族关系、警察体系、信息处理等方面表达自己的观点，法国丰富的非洲实地经验将为我国带来很多启示，双方都能够有所获益；同时，三方研讨可以充分展现非盟、非洲次地区组织和非洲国家的需求，中法可以在分享经验的基础上与非方共同探讨如何从具体操作层面共同推动非洲维和力量建设，并深入探讨在对非相关援助中原则问题，寻找共识。

第二，可探讨三方合作培训项目。目前法国对非洲维和力量的培训通过在非洲军事存在、军事培训学校和法国国内相关军事院校等机构完成，培训量大，层次分明，体系完备。我国对非洲军官的培训则主要通过国防大学等机构在国内进行，未来也可探讨与法国在非洲当地联合进行一些培训项目，为非盟部队和相关机构培养更多人才。

第三，可考虑建立三方情报共享机制，以加强非盟的冲突预测能力，以期在冲突前和冲突时尽可能及时减少非洲合作伙伴在当地的人身财产等损失，提高非盟快速反应部队的部署效率。可建立不同层次的沟通渠道，保持信息畅通。在反恐和打击海盗这两个与三方利益密切相关的领域当中，尤其需要一定的协作。

在以上三个方面的合作当中，三方合作也要重视在非盟和次地区组织两个层面上的推进。次地区组织在非洲和平问题中的作用已经显现，我国应该加大合作力度，为此在中法非三方合作中需要寻找有利于中、法、非洲次地区组织进行合作对话的切入点，组织研讨、进行培训和分享信息。

五、结语

我国正在进一步融入国际体系，包括法国在内的西方国家都希望中国能够分摊国际责任和国际合作的成本。我国在非洲维和力量建设中发挥作用，与法非进行三方合作符合国际社会的期望，也符合中国国家利益需求。但合作总是伴随竞争和各种力量的制衡，我国在三方合作方面还需进一步积累经验，并借助三方合作加强中非合作。非洲维和力量建设是一个契机，是中国为国际事务贡献力量的契机，也是中国拓展自身国际行动空间的契机。

经　济

民企看非洲

尹以桥

未来集团

未来集团主要从事建筑配套工程、建材贸易、非洲旅游、商业地产开发等；未来集团在非洲的成长经历了三个阶段：企业初创期（1998—2001 年）、股改后的稳定发展期（2002—2012 年）、多元化发展期（2013 年至今）；企业成就体现在市场份额、使馆认可、大学商科案例、公汽路牌、解决就业等方面。公司于 1997 年进入非洲，1998 年创办第一家非洲企业，之后平均每 3 年拓展 1 个非洲国家市场，迄今已在非洲的 7 个国家创办了 12 家全资子公司；在 16 个非洲国家进行过深度考察，脚步遍及各非洲国家首都，并去过很多国家的偏远部落地区及贫困农村；与非洲各阶层人员包括留中非洲学生、普通百姓、律师、商务人士及政府高官等均有广泛接触。

一、非洲政局：不稳定但可预测

1. 政治现实：不稳定但可预测；
2. 法治水平：法律极其完善，但执行起来有巨大的弹性空间；
3. 政府间合作：水平低下。

二、非洲市场：既是天堂也是地狱

1. 天堂非洲：商机多、竞争少、物价高、政商关系简单、人工成本低、生活条件好；

2. 地狱非洲：政局不稳治安差、基础设施差、贪腐严重、外汇短缺、劳工素质低、医疗条件差；

3. 进入非洲市场的两个门槛：时间与人；

4. 非洲投资选项：任何项目均可投资。

三、中国与非洲：再好的婚姻也需要用心经营

1. 中国与非洲是绝好的婚配：中国的魅力——30 多年经济的高速发展、历史亲近感及类同的身份、适合发展中国家的经济合作方式与合作内容、性价比最优的中国产品与技术；非洲的魅力——类同的身份与历史渊源、巨大的海外市场、丰富的资源、政治同盟；

2. 非洲进入了群雄角逐时代，不出意外的话中国肯定是胜者，原因是三个高度匹配：企业高度匹配、技术高度匹配、产品高度匹配；

3. 中非婚姻的不和谐音：西方及当地反对派的鼓噪、部分在非中国企业及个人不当的经营及行为方式、部分在中国的非洲商人对中国的负面看法；

4. 软实力的渗透是弥合分歧的重要手段。

四、中法在非洲：既是竞争对手又是合作伙伴

1. 中法在非洲互为竞争对手是不争的事实，认清这点才能有效开展合作实现双赢或三赢；

2. 离开非洲后，欧洲人留下了正资产（政治人脉及国家治理体系、金融、文化、重要产业）和负资产（历史旧账、中下层人民的排斥甚至敌意）；

3. 中法经济合作，中国民企及已经入驻中国的法国企业应该唱主角；

4. 中法可期合作领域：安保、产业转移、汽车、农业等。

五、几点建议

（一）大力支持民企拓展非洲市场

1. 非洲市场谁主沉浮？是民企而非国企；

2. 国企现阶段是中国拓展非洲市场的主要力量但存在致命伤：国企身份易受西方及当地反对派诟病，国企体制结构（决策机制、用人机制及远期规划）不适应非洲市场；

3. 民企在非洲的成功，至少可在几个方面起到正面作用：缓解中国出口、就业等方面的压力；促进中非经济政治融合、使双方在彼此的经济发展中互利互惠；促进非洲经济社会发展；

4. 支持民企可用三大杠杆：经济杠杆——在融资、出口、税收、外汇结算等方面给予政策支持；安全杠杆——加强政府间警务协作、扶助在非企业依照当地法律法规设立安保公司；政治杠杆——当地大使馆更多地参与华人社团与组织建设、给予在非洲的成功的中国企业家政治荣誉。

（二）主导一些特定产业向非洲国家转移

1. 中国的部分产业正被动地向外转移已是现实；

2. 非洲有着人工成本低、市场需求增长快、外部出口环境好等诸多优势；

3. 主动进行产业转移可以帮助中国企业在非洲快速成长，部分解决自身经济问题；

4. 产业转移有利于非洲解决就业、启动工业化进程、改善外汇收支平衡，有利于中非经济与政治融合；

5. 从产业转移中受益的中国企业一定会反哺中国。

（三）给在华经商的非洲人提供政策支持

1. 他们是中非经济融合的重要力量之一；

2. 他们是中非文化交流的使者，是非洲人认识、了解中国的窗口；

3. 这个群体的存在暂时对部分中国商人构成了冲击，但长远来说是互补和有益的。

（四）关注非洲在华留学生群体

1. 他们是中非交流重量级使者、未来非洲政商学界重要力量、非洲政府间合作的正能量；

2. 帮助他们组建社团，鼓励他们之间相互交流；

3. 帮助他们全面认识与了解中国，与各界建立广泛的联系；

4. 加大资金资助留学生的力度。

中法对非经贸关系之比较研究

游　滔
中国社会科学院欧洲研究所

中法对非经贸关系的比较主要表现在四个方面：一是中法对非经贸总体情况比较；二是中法在非主要贸易伙伴比较；三是中法在非商品贸易结构比较；四是中法对非贸易与投资方式比较。在21世纪的中法经济关系中，非洲的影响正在大幅提升，能否正确处理好中法经贸关系中的非洲因素，事关21世纪的中法关系能否健康发展。

一方面，由于中国和法国是分处于两个不同发展阶段的国家，国家发展水平和经济发展总量都不在同一个水平上，而法国和非洲之间更存在一些历史因素和传统利益关系，在与非洲的经贸关系方面，中法的差异很大。另一方面，非洲作为世界主要能源和原材料的供应方，中法在对非贸易中也存在着结构相似的特点。但必须强调的是，非洲在中国和法国的经济版图中都占有十分重要的地位，通过比较，研究中法对非贸易的差异性与相似性，我们可以认识到非洲因素在中法经济关系中的重要性，处理好中法在非洲的经济合作与竞争关系，对于保持和发展中法健康的合作伙伴关系具有十分重要的意义。

一、中法两国对非经贸关系总体情况及趋势比较

在对中法两国主要贸易伙伴进行比较之前，我们必须了解在非

洲经济版图中，中国与法国各自的分量与发展趋势。

欧盟一直是非洲最重要的贸易伙伴，20 世纪 90 年代，非洲对欧盟 25 国的出口达到 320. 58 亿美元，占其出口总额的 68. 10%。2009 年非洲对欧盟 25 国的出口增加到 821. 08 亿元，其所占的比重却下降到 36. 39%，比 90 年代锐减了 31. 71 个百分点。① 法国作为欧盟中非洲重要的贸易伙伴，其在非洲的对外贸易中所占的比重也在逐年降低。1990 年非洲对法国的出口额为 75. 79 亿美元，占非洲出口总额的 16. 10%。2009 年非洲对法国的出口增加到 179. 38 亿美元，其所占的比例却只有 7. 95%，下降了 8. 15 个百分点。相反中国作为非洲贸易伙伴的作用与影响正在日益上升。1990 年非洲对中国的出口仅为 0. 13 亿美元，占其出口总额的 0. 27%。2009 年，非洲对中国的出口额增加到 433. 3 亿美元，占其出口总额的 6. 62%，增长了 6. 35 个百分点。② 非洲从法国的进口的状况也大致相同，1990 年非洲从法国的进口总额为 87. 86 亿美元，占其出口总额的 18. 07%。2009 年，非洲从法国的进口额增加到 230. 64 亿美元，占其进口总额的 8. 74%，下降了 9. 33 个百分点。

根据中国商务部及法国海关资料整理而得的数据显示，对于中国而言，1990 年非洲从中国进口 5. 33 亿美元，占其进口总额的 1. 10%，到了 2009 年，非洲从中国的进口增加到 476. 4 亿美元，占其进口总额的比重增加到 11. 54%，增长速度较快。另外根据非洲发展银行于 2010 年 9 月 13 日出具的《中国对非贸易与投资报告》中的数据显示，2009 年中非双边贸易额占中国对外贸易总额的比重也上升到 4%左右，而中非贸易额占非洲对外贸易总额的 10%左右。从 1990 年到 2009 年的数据对比可以看出，法国作为非洲传统的贸易伙伴，在非洲对外贸易上依然发挥着重要的角色，但是这一角色的地位正在不断地下降，而中国作为后来者，特别是在

---

① 梁明．中非贸易：基于中国、非洲全球贸易视角的研究[J]．国际贸易，2011（5）：41.

② 梁明．中非贸易：基于中国、非洲全球贸易视角的研究[J]．国际贸易，2011（5）：42.

近十年中，与非洲的经贸关系却进展迅速，虽然在贸易总量上仍与法国有一定的差距，但是在非洲国家对外贸易的分量和比重上却在不断增加，上升的趋势较为明显。

从法国与中国对非贸易的结果来看，中方在近年来除个别年份处于出超状态，其余基本处于对非贸易逆差。综合中国社科院西亚非洲研究所 2009—2012 年中东非洲发展报告相关数据计算得出的结果显示，2009 年中国实现对非贸易顺差 43. 1 亿美元，2010 年非洲对中国实现顺差 99. 9 亿美元，其中非洲从中国进口 669. 5 亿美元，向中国出口 569. 6 亿美元，非洲对中国贸易顺差指数为 7. 9%，2011 年非洲与中国贸易在经历了北非动荡后依然全年稳步上扬，达到 1663 亿美元，同比增长 31%，同时贸易平衡继续改善，非洲对中国贸易顺差扩大到 201 亿美元，其中，非洲向中国出口 932 亿美元，同比增长 38. 9%；非洲向中国进口 731 亿美元，同比增长 21. 9%。而根据法国进出口贸易部的数据显示，法国对非贸易长期处于贸易顺差状态（详见图 1），2008 年法国对非洲出口 252. 04 亿欧元，同比增长 13. 2%，法国向非洲进口 272. 9. 亿美元，同比增长 27. 5%，基本保持贸易平衡。2009 年法国对非进口额为 200. 71 亿欧元，法国向非洲出口额达到 232. 61 亿欧元，法国实现对非贸易顺差 32. 09 亿欧元。2010 年法国对非洲进口额为 236. 4 亿欧元，对非出口 265. 45 亿欧元，实现对非贸易顺差近 29 亿欧元。

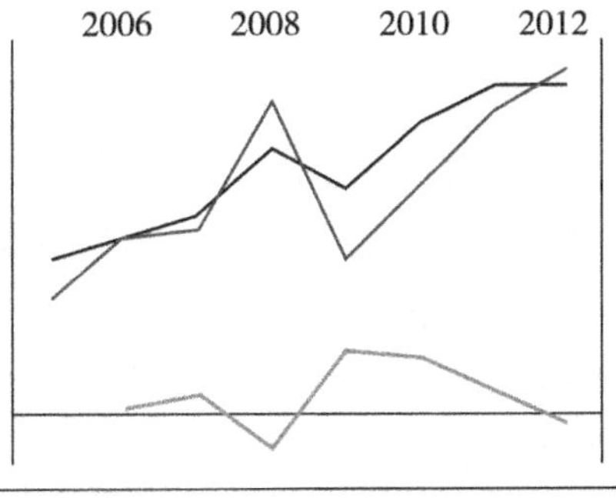

	Export	*Import*	*Solde*
2012	28 190	28 845	−655
2011	28 187	26 846	1 341
2010	26 594	23 714	2 880
2009	23 282	20 071	3 211
2008	25 225	27 294	−2 069
2007	22 258	21 406	852
2006	21 160	20 983	177
2005	20195	18 298	1897

données CAF-FAB estimées,brutes en M€

图 1　法国对非进出口贸易额（2005—2012 年）

从以上数据比较我们可以看出，经过不到十年的努力，到2011年中国已经连续两年成为非洲第一大贸易伙伴国，不但在对非贸易总量上成倍超越法国，且注意完善贸易平衡结构，注意保持对非洲的贸易逆差。法国在金融危机后虽然加大了对非洲的贸易和投资力度，但是在总量上已经远远地落后于中国，而且长期地对非保持顺差地位，这在法国对外贸易中是比较少见的，根据法国进出口部的官网显示的数据，2008年法国贸易逆差达到557亿欧元，2009年逆差达430.31亿欧元，2010年达514亿欧元，2011年达到创新高的696亿欧元。从这一角度来说，非洲是在帮助法国减少经济增长下滑带来的损失。

二、中法主要的非洲贸易伙伴比较

中法对非贸易主要伙伴有极高的相似度（详见表1），如南非、安哥拉、阿尔及利亚、埃及等非洲传统大国和能源大国，但是也有不同，如北非的突尼斯、西非的科特迪瓦等传统法语国家并没有出现在中国的前十大非洲贸易伙伴里。主要原因是中国与法国都在能源和原材料上对非洲的需求较大，尤其是中国，2009年随着中国经济的快速增长，中国的原油对外依存度达到50%以上，非洲贡献了三分之一的石油需求从而使中国向非洲资源禀赋高的15个非洲国家累计实现顺差616.55亿美元，这些国家就包括了安哥拉、苏丹、刚果、赤道几内亚、利比亚等国。而北非是法国传统利益地区，北非三国阿尔及利亚、突尼斯、摩洛哥始终占据法国非洲贸易伙伴的前三甲，但是比重有所降低，从1994年的54.5%下降到2009年的46%。这是由于非传统贸易伙伴国安哥拉、尼日利亚以及利比亚的出现挤占了一定份额，而这些国家无一例外都是能源大国。因此中法在非洲能源市场的竞争是不可避免的，而且可能会很激烈，毕竟对中国和法国来说，国家的能源安全都是核心利益。

表 1 **1994 年和 2009 年法国在非洲前十位贸易伙伴比较** 单位：亿美元，%

2009 年			1994 年		
国家/地区	法国与该国家/地区进出口贸易额	占法国对非进出口贸易总额的比重	国家/地区	法国与该国家/地区进出口贸易额	占法国对非进出口贸易总额的比重
阿尔及利亚	107.8	17.9	摩洛哥	43.2	21.0
突尼斯	86.0	14.3	阿尔及利亚	39.1	19.0
摩洛哥	82.8	13.8	突尼斯	29.9	14.5
尼日利亚	43.6	7.3	尼日利亚	15.4	7.5
利比亚	41.3	6.9	南非	14.6	7.1
安哥拉	40.2	6.7	科特迪瓦	11.9	5.8
埃及	31.7	5.3	埃及	10.9	5.3
南非	30.0	5.0	毛里求斯	7.5	3.7
科特迪瓦	18.3	3.1	喀麦隆	7.3	3.6
刚果	12.8	2.1	加蓬	7.0	3.4

【资料来源：根据 UNComtrade 数据库整理计算而得。】

另外，中国在非洲的快速发展，也迅速渗透到传统的法语非洲国家，甚至逐渐取代了法国的第一大贸易伙伴的地位（见表 2）。以多哥为例，据多哥经济财政部数据统计，2011 年多哥与中国的外贸进出口总额为 3.27 亿美元，双边贸易增长率达到 42%，因此中国成为多哥第一大贸易伙伴，法国退居第二位。对于多哥这样自然资源禀赋一般的法语非洲国家，法国的传统商业优势和经济影响力正在渐渐消失，但是这并不代表全部，对法国传统势力范围内的北非的一些自然资源丰富的国家，法国仍然保持着强大的经济影响力。以突尼斯为例，2009 年法国是突尼斯第一大进口商，突尼斯对法国出口占总额的 29.6%；同时法国也是突尼斯第一大供货商，占突尼斯进口总额的 20.1%。法国与突尼斯双边贸易在 2006—

2007 年达到顶峰，一方面是因为石油增产和石油产品价格飙升刺激了突尼斯对法国的出口，法国也成为化工产品的第一大进口国；另一方面是因为法国对突尼斯制造业（纺织、服装、机电）的直接投资力度加大，拉动了产品对法国的出口。因此中法在传统的法国前殖民地国家的竞争一定是存在的，而且将持续存在下去。

表 2　**2011 年非洲与中国贸易前十位的国家分布**　单位：亿美元,%

	进出口		出口		进口		贸易余额	贸易平衡指数
	金额	同比	金额	同比	金额	同比		
非洲	1663.21	30.9	731.00	21.9	932.21	38.9	-201.2	-12.10
十国合计	1283.66	38.3	484.31	23.5	799.31	49.2	-315	-24.50
南非	454.28	76.7	133.63	23.7	320.65	115.2	-187.2	-41.17
安哥拉	277.06	11.6	27.84	39.0	249.21	9.2	-221.37	-79.90
苏丹	115.34	33.7	19.95	2.3	95.39	42.9	-75.45	-65.41
尼日利亚	107.88	38.9	92.07	37.5	15.81	47.5	76.26	70.69
埃及	88.02	26.5	72.83	20.6	15.18	65.4	57.65	65.50
阿尔及利亚	64.23	24.1	44.72	11.8	19.51	65.7	25.22	39.26
刚果	51.62	48.5	4.89	38.3	46.72	49.6	-41.83	-81.05
利比里亚	50.08	13.3	49.67	13.0	0.41	83.5	49.26	98.35
刚果（金）	39.95	33.9	8.27	74.7	31.67	26.2	-23.4	-58.59
摩洛哥	35.20	19.8	30.44	22.5	4.76	5.1	25.68	72.97

【资料来源：中国海关统计。】

近年来，由于南部非洲国家经济发展迅速，能源储备丰富，显示出强劲的经济发展潜力，于是法国从希拉克时期开始，走出法语非洲国家的传统势力范围，开展了结交非洲新朋友的征程，特别是注重与南非、埃及这样的地区性大国以及类似安哥拉、尼日利亚、利比亚这样的能源大国发展经济合作伙伴关系。从 1994 年和 2009

年法国前十大非洲贸易伙伴的变化我们也可以看出这一趋势，喀麦隆和加蓬这样的传统法语国家从前十大伙伴中逐渐退出了，而非传统贸易伙伴特别是安哥拉、尼日利亚、利比亚这样的能源大国在法国对非贸易，特别是在法国进口贸易当中的地位得到提升。而安哥拉、尼日利亚、利比亚也是中国对非贸易的重要伙伴国，特别是安哥拉，它是中国在非洲的第一进口来源国，中国从安哥拉进口总额占中国对非洲进口总额的比重从 2000 年的 33.17%增加到 2009 年的 33.87%，而利比亚和尼日利亚也分列中国对非进口贸易的前十国行列。因此在能源的需求上，中法两国存在着一定的利益重叠，然而中国主要从苏丹、安哥拉和尼日利亚进口石油，而法国主要从北非三国及几内亚湾国家进口石油，因此战略重点还是存在一定差异，但是在传统法语国家特别是能源禀赋突出的国家如尼日尔，中法的竞争仍然会相当激烈。尼日尔矿产资源丰富，不仅铀储量丰富，石油储量也很惊人，但是尼日尔却属于石油进口国，原因就是法国将尼日尔石油视为战略储备，并不打算开采，作为支付对价，法国宁可向尼日尔提供大笔援助。西方其他大国也默认这一格局，但是这一均衡被中石油为代表的中国企业所打破，2006 年到 2008 年间中国石油公司和尼日尔政府达成了一笔金额在 50 亿美元左右的石油开采协议。类似中国与尼日尔这样的法语国家进行的能源合作在阿尔及利亚、加蓬、喀麦隆也同时展开，笔者就曾在加蓬中石化项目部供职，因此能够确切地感受到中法在这些国家和地区的激烈争夺与竞争。

三、中法对非商品贸易结构的比较

2011 年非洲向中国出口的前十大类产品是：原油（470.94 亿美元）、铁矿砂（72.88 亿美元）、铜制品（41.62 亿美元）、农产品（22.50 亿美元）、钻石（14.02 亿美元）以及锰矿砂、棉花、原木等，这十大商品共占中国对非进口总额的 72.6%。而中国对非洲出口的前十类产品是：机电产品（349.87 亿美元）、纺织品（87.79 亿美元）、高新技术产品（67.29 亿美元）、服装（48.47 亿美元）以及船舶、钢铁制品、鞋、农产品、摩托车、轮胎等，上述十大类商品共占中国对非出口总额的95.5%。① 商品贸易结构基本是非洲国家以石油、矿产品、木材和农产品等资源型商品换取中国生产的工业制成品和半制成品，特别是机电产品和高新技术产品。

法非商品贸易结构显示出同样的特点，根据UNComtrade数据库整理计算而得的数据显示，2009年法国自非洲进口前十大类商品是矿物燃料、矿物油及其产品（154.2亿美元）、电机电气设备（21.1亿美元）、非针织或钩编的服装及衣着附件（16.55亿美元）、针织或非钩编的服装及衣着附件（10.2亿美元）、可可及可可制品以及蔬菜和肉鱼等动植物制品，前十类商品进口总额占法国从非洲进口总额的90%以上。法国对非出口前十类商品是核反应堆、锅炉、机械器具（16.2%）、电机电气设备（14.0%）、药品（10%）、车辆及其零附件（7.7%）以及谷物、矿物燃料、航天器、钢铁制品、光学、照相、医疗等设备及其零附件（详见表3）。这十类商品出口额占法国对非出口总额的85%以上。

表3　**2009年法国对非洲出口前十类产品**

单位：亿美元，%

产品类别	出口金额	占法国对非出口总额的比重
核反应堆、锅炉、机械器具	52.5	16.2
电机、电器设备	45.3	14.0
药品	32.4	10.0
车辆及零附件，但铁道车辆除外	25.0	7.7
谷物	19.6	6.1
矿物燃料、矿物油及其产品	13.7	4.2
航空器、航天器及其零附件	11.3	3.5

① 张宏明．非洲发展报告2011-2012［M］．北京：社会科学文献出版社，2012：293.

续表

产品类别	出口金额	占法国对非出口总额的比重
钢铁制品	10.4	3.2
光学、照相、医疗等设备及其零附件	8.8	2.7
塑料及其制品	8.5	2.6

比较中法对非商品贸易结构，我们可以看出非洲是中法两国重要的能源和原材料来源地，同时也是重要的商品服务输出地。在中非和法非这两对双边贸易结构中存在着很多相似之处，这是因为非洲和中法两国的贸易结构是由各自的产业结构和要素禀赋差异决定的，这也反映了非洲与全球其他国家和地区贸易的基本特征。因此这也是对西方所谓“中国掠夺非洲资源”论的有力回击。另外，中法对非出口商品也存在差异，一方面由于中法两国的产业优势不一致，中国偏向于机械类和纺织类，法国偏向于生物制药和航空器方面；另一方面也反映出非洲工业水平的低下，从低端到高端的外国的工业制成品都是非洲所需要的。非洲的工业化之路还任重道远。

通过比较，我们认为中法在非洲能源领域的竞争将长期存在，在非洲工程建设方面，中法的竞争也同样存在。中国在这一方面有极大的优势，首先中国拥有大量优秀的、相对廉价的技术工人，而且他们具有高度的组织性，加上中国政府提供的政策性的支持，还有中国国家开发银行及下属的中非发展基金也为进入非洲的企业提供大量低息贷款。与此相反，欧洲公司的运营资金来自那些要求立刻获得收益的机构和私营金融部门。① 同时驻非洲的各中国使领馆也会向中国投资者提供可能的投资和签约的机会，在莫桑比克，中国通过这种方式拿到了大约30%的建筑工程。另外中国政府还通过竞争性的招标程序指定承担某些特殊工程的公司，从而直接为承

---

① 余庆良．中国企业如何走进非洲[J]．国际技术装备与贸易，2011（4）．

包商创造市场。中国国家发改委和商务部还向企业提供一定的国家补贴，以此促进中国公司进入非洲。因此中国工程公司的报价通常是法国公司报价的三分之一，中国在非洲建筑行业的市场份额急剧扩张，仅2000—2005年间，中国公司市场份额在同期内增加了200%多，而法国公司的份额开始大幅下降。

中国商务部前副部长魏建国在2012年7月中非合作论坛第六次部长级会议期间对中国在非基础设施工作评价道："中国对非洲的投资和融资对当地社会发展起到的作用，最主要的是帮助非洲解决了一些基础设施建设。"

四、中法对非贸易与投资方式比较

法国在非洲拥有比较强大的文化优势和传统利益并已成功将其转化商业优势（详见表4）。首先，在文化与价值观上，非洲对法国是亦步亦趋；其次，在前法殖民地，许多法资企业掌握了所在国的国民经济命脉，拥有众多社会资源。正因为如此，2007年法国总统萨科齐对撒哈拉以南非洲进行访问时没有按照通常做法带大量的企业家随行，因为在这些传统领地，没有必要再去花力气为法国公司赢得市场份额，他们进入市场毫无困难，"法国企业家在法语非洲国家的总统府出入自由，如果遇到阻碍，爱丽舍宫一个电话就能把事情搞定"。因此法国与非洲的贸易方式基本是拥有一套固定的范式的。以突尼斯为例，两国贸易往来主要以两种形式展开，效果也截然不同。一种是法国公司将产品分包给突尼斯企业生产，后再出口回法国，法国向突尼斯采购的四分之三都是以此方式进行。随着国际化和企业发展，法国企业开始转变思维和经营策略，由寻找分包商变为直接下订单，或者在他国设立分公司。但总的来说，这种方法对突尼斯经济发展有利，外来投资每年也均有余额。2008年法国吸收了突尼斯按此方式生产产品的37%。另一种方式则是自由贸易，法国对突尼斯的汽车和医药产品出口逐年攀升，尽管突尼斯一些产品在法国市场有一定的竞争力，但总体来讲这种方式对法国有利。法国对突尼斯直接投资在2008年达到顶峰的三亿欧元。

纵观历史，从在突创办公司和创造就业来讲，法国都是对突尼斯直接投资最多的国家之一。特别是在金融私有化领域，法国企业成绩显著，如法国松鼠储蓄银行收购突尼斯在突尼斯-科威特银行（BTK）中持有的股份，法国安盟保险（GROUPAMA）收购突STAR保险公司35%的股份，法国兴业银行（SG）入股国际联合银行（UIB），等等。2009年法国电信与突尼斯本地运营商DIVONA合作投资了突尼斯第三家电信运营商。法资涉足的领域越来越广，传统领域包括纺织和服装，近年逐步扩展到机电工业，最近更投资在塑料加工和航空业。根据中国驻突尼斯共和国大使馆经济商务处的官网显示，法国在突尼斯创办企业1200家，直接创造就业岗位10.6万个。仅2009年就有75家法企在突尼斯设立分公司。因此法国与非洲国家的经贸和投资往来具有覆盖面全、投资多元化、社会效益明显等诸多特点。

表4　　**2009年法国对非洲投资主要行业**

单位：亿美元，%

行　业　分　类	金额	占比
总　计	403.8	100
采掘业	117.1	29
其中：石油、天然气的开采与提炼	116.6	28.9
制造业	105.5	26.1
其中：石油、化学品、药品制造业；橡胶及塑料制品	6.8	1.7
金属制品及机械制造	4.1	1.0
车辆及其他运输设备	3.7	0.9
食品、饮料和烟草制品业	1.9	0.5
纺织及木材加工业	1.0	0.3
其他制造业	88.0	21.8
电力和天然气等气体供应业	7.0	1.7
水供应、污水处理及水的再生利用业	2.7	0.7

续表

行　业　分　类	金额	占比
建筑业	7.7	1.9
服务业	133.7	33.1
其中：金融和保险业	46.0	11.1
专业活动、科技活动	43.9	10.9
批发零售及车辆修理业	13.6	3.3
房地产业	13.5	3.3
运输仓储业	4.5	1.1
管理及辅助类的服务活动（如旅行社服务、房屋租赁等）	4.2	1.1
信息通信业	3.2	0.8
住宿和餐饮业	2.3	0.5
卫生健康和社会福利业	1.7	0.4
教育、文娱及其他服务业	0.7	0.2
未分类	29.9	7.4

而法国在非洲的优势恰恰是中国的弱势，中非之间既无传统利益纠葛也不存在文化上的渊源，甚至在语言的沟通上还存在着较大的障碍，但面对这些困难，中国拥有自己的独特创造，这就是自由贸易区。胡锦涛主席在2006年中非合作论坛北京峰会上宣布“今后三年内，在非洲地区建设3~5个境外经济贸易合作区”。至2011年底，中国已经在赞比亚、埃及、毛里求斯、尼日利亚、埃塞俄比亚五国建立了6个经贸合作区。这6家经贸合作区根据各自的比较优势、当地的资源禀赋，以及东道国与国际市场情况，制定符合合作区发展方向的园区建设规划，产业定位明确，目前经贸合作区的基础设施建设已取得阶段性进展，经济社会效益开始显现。

五、结语

通过上述比较，我们认为法国在非洲的雄心壮志与中国在非洲的苦心经营都是由各自的国家利益决定的，中法在非洲经贸领域都具有各自的优势，也面临着不同的挑战和机遇。如何将中法关系的健康发展与各自的非洲战略相结合，找到它们之间的“最大公约数”，在非洲实现中法两国的良性竞争和合作共赢，将长期考验并影响中法关系的走向。

非洲的“领头羊”：南非抑或尼日利亚？

刘青海
浙江师范大学非洲研究院

2014年4月6日，尼日利亚国家统计局对外发布重新确定基准年（2010年）后计算的国内生产总值（GDP）数据，其中，2013年尼日利亚GDP总额达5099亿美元，大幅超过同年南非的3703亿美元，从这个数据来看，尼日利亚跃升为非洲第一大经济体，世界第26大经济体，由此引发了国际社会对目前的非洲“领头羊”南非的地位的关注。那么，这是否意味着尼日利亚将会取代南非成为非洲新的“领头羊”？未来的非洲“领头羊”究竟是南非还是尼日利亚呢？

一、尼日利亚新统计结果的可信度探察

众所周知，地区“领头羊”在地区经济发展中起着关键的引领作用：大多数地区经济的发展是在其“领头羊”（领导国家的形象称呼）引领下进行的，如欧洲的发展得益于英国的发展和带动，北美洲的发展受惠于美国的领先和辐射……那么，非洲“领头羊”地位究竟是南非还是尼日利亚？根据笔者构建的“地区领导国家”的框架，这两个国家的经济规模是一个很重要的取决因素，而这主要取决于他们的GDP总量与人口规模。① 众所周知，尼日利亚是

① 刘青海．南非如何能成为非洲大陆的领导者？［M］．上海：上海人民出版社，2013：129-145.

非洲的第一人口大国，2013 年人口达 1.7 亿，而南非仅为 0.53 亿，还不到尼日利亚的三分之一，远远小于尼日利亚。因此，GDP 总量将是一个关键决定因素，然而根据尼日利亚国家统计局最新发布的统计报告，其 GDP 总量似乎已经远远超过了南非。因此，要回答前述问题的一个关键是尼日利亚的最新统计报告是否可信（国际社会对此有很多质疑），有鉴于此，下面本文将首先对尼日利亚最新统计报告的可信度进行探察。

1. 尼日利亚 GDP 基准年调整的历史背景

1950 年，受殖民政府的委派，尼日利亚经济学家普鲁斯特和斯特瓦特基于 1950—1951 年的数据最早开始统计尼的 GDP，并于 1953 年出版了统计结果。20 世纪 50 年代末 60 年代初，杰克逊和奥克格伯对尼日利亚 GDP 的统计方法做了一些调整，使得其能够更为准确地反映尼日利亚经济的现实，从而成为了尼日利亚统计史上的里程碑，其方法一直沿用了十余年。70 年代，Aboyade 教授受尼日利亚政府的委托，制定了一系列规范尼日利亚统计过程的统计制度（如基准年的选择、统计方法的确定等），为尼日利亚国家统计的准确性奠定了基础。1985 年，尼日利亚把 GDP 统计的基准年从 1977—1978 年调整为 1986 年，这个基准年沿用了 8 年之后，1993 年尼日利亚又把基准年调整为 1990 年，为与当时的国际标准产业分类（ISIC2.0）一致，尼日利亚还把原有的 17 个行业扩大为 33 个。2011 年，尼日利亚政府委托凯尔博士对当时的 GDP 统计进行评估，发现了不少问题，为适应尼日利亚变化了的现实及与世界统计制度保持一致，尼日利亚政府委任凯尔为联邦统计局局长，开始了新一轮的 GDP 统计。

可见，在尼日利亚国民收入统计 50 余年的发展演变过程中，其基准年曾历经调整，行业也屡经变化，可以说均是尼日利亚统计部门为适应国内外形势发展的需要，确保统计数据的可靠性与准确性而进行的正常统计工作。

2. 尼日利亚此次基准年调整的主要原因

为了进一步说明尼日利亚此次基准年调整的主要原因，我们可从 GDP 的核算方法着手。众所周知，GDP 是指一国一年内所生产的最终产品（包括产品与劳务）市场价值的总和，主要有收入法、支出法以及部门法三种计算方法。由于三种方法得出的结果常常不一致，一般以支出法为准，即是从产品的使用出发，把一年内购买的各种最终产品的支出加总计算。

如果用 Q_1，Q_2…… Q_n 代表各种最终产品的产量，P_1，P_2，…，P_n 代表各种最终产品的价格，n 代表产品的种类，则使用支出法计算 GDP 的公式为：$GDP = Q_1P_1 + Q_2P_2 + \cdots + Q_nP_n$。可见产品价格越高，种类越多，GDP 则越高。一方面，由于经济在本质上是动态的，会增长或缩减，会产生新部门、新技术，消费者的消费行为和爱好也会发生变化。相应地，不同年份产品的价格和种类会发生变化。如果每年都用当年的价格来计算该年的 GDP，虽然能够反映当年的真实情况，但又会使得不同年份的 GDP 失去可比性，因此有必要固定某一年作为计算的基点，也就是所谓的基准年（这样算出来的 GDP 称为真实的 GDP）；另一方面，如果多年都用以往的某一年作为基准年来计算 GDP，就难以反映变化了的产品价格与种类，这就使得调整基准年，也就是用新的、更近的年份来取代旧的基准年成为必须。

实际上，为了使统计数据能够反映经济的真实情况，许多国家都会调整基准年份来计算 GDP（国际惯例是每 5 年左右调整一次基准年份），由此引起 GDP 的变化。例如，布隆迪将基准年份从 1996 年调整为 2005 年后，GDP 增加了 40.3%；刚果（金）将基准年份从 2000 年调整为 2005 年后，GDP 增加了 66.4%；尼加拉瓜将基准年份从 1980 年调整为 1994 年后，GDP 增加了 70%。也有调整了基准年份后 GDP 减少的，如阿根廷把基准年份从 1986 年调整为 1993 年后，GDP 减少了 8.2%；博茨瓦纳把基准年份从 1993 年调整为 2006 年后，GDP 减少了 10%。

一直以来，尼日利亚以 1990 年为基准年计算其 GDP，没有将通信、信息技术、网上销售、航空、影视音乐制作等多个 1990 年后出现的新行业纳入或全面纳入统计当中。然而，近年来，尼日利亚服务业发展迅猛：通信业由过去仅有3000条线路、一家电信运营商发展到目前拥有在网用户1.69亿、活跃用户1.27亿、十余家电信运营商的蓬勃产业，尼年产电影超过1000部，成为继美国和印度之后的第三大电影生产基地，2013年产值达到51亿美元。显然，1990年的标准导致这些迅速发展的行业被排除在GDP核算范围内，已经不能反映尼经济的真实情况，这就使得调整基准年成为必然，详见表1。

表1　**尼日利亚新旧基准年份各产业占GDP的比例对照表**

基准／行业	旧基准年份				新基准年份			
	2010	2011	2012	2013	2010	2011	2012	2013
农业	30.34	30.99	33.08	**34.69**	24.0	22.80	22.40	**21.97**
工业	46.08	44.29	40.59	**36.26**	25.81	27.85	26.72	**25.64**
—制造业	1.89	1.86	1.88	**1.94**	6.60	6.46	6.67	**6.83**
—原油和天然气	42.68	40.86	37.01	**32.43**	15.50	17.52	15.89	**14.40**
服务业	23.58	23.72	26.33	**29.04**	50.22	49.35	50.91	**51.89**
—电信和信息服务	0.77	0.78	0.82	**0.86**	9.1	8.74	8.73	**8.69**
—动画、音乐、电影	—	—	—	—	0.88	1.01	1.20	**1.42**

【资料来源：National Bureau of Statistics Nigeria，http：//nigerianstat.gov.ng/。】

基准年从1990年调整为2010年后，2010—2013年尼日利亚GDP分别比调整前增加了59.5%、69.10%、75.58%、89.22%，增加幅度很多，从实践上验证了原有基准年确实已经不能反映尼日利亚真实的经济状况，调整基准年，重新进行统计确实是必要的。

3. 尼日利亚此次统计的主要特点

第一，在尼日利亚经济快速增长的背景下进行的。近 5 年来，尼日利亚经济年均增长率达 7. 1%，远高于世界平均水平的 3. 1% 和撒哈拉以南非洲的 4. 8%，详见下表 2。

表 2　　**尼日利亚与世界的增长率比较（2004—2013 年）**

年份 / 世界	2004	2005	2006	2007	2008	2009	2010	2011	2012	2013
	4. 9	**4. 6**	**5. 3**	**5. 4**	**2. 8**	**0**	**5. 1**	**3. 9**	**3. 2**	**3. 5**
美国	3. 5	3. 1	2. 7	1. 9	0	0	2. 4	1. 80	2. 30	2. 00
欧元区	2. 2	1. 7	3. 2	3	0. 4	0	2	1. 4	0	-0. 2
日本	2. 4	1. 3	1. 7	2. 2	0	0	4. 5	0	2. 2	1. 2
拉丁美洲	6	4. 7	5. 7	5. 8	4. 2	0	6. 2	4. 5	3	3. 6
北非	6. 2	5. 3	6. 3	5. 7	4. 5	2. 6	5	3. 5	5. 2	3. 4
撒哈拉以南非洲	7. 1	6. 2	6. 4	7. 1	5. 6	2. 8	5. 3	5. 3	4. 8	5. 8
尼日利亚	**10. 5**	**6. 5**	**6. 0**	**6. 4**	**6. 0**	**7. 0**	**8. 0**	**7. 4**	**6. 6**	**6. 8**

【资料来源：National Bureau of Statistics Nigeria，http：//nigerianstat. gov. ng/。】

与此同时，尼日利亚经济多元化特征更加明显：GDP 对石油行业的依赖度进一步下降，制造业和服务业快速增长。因为尼日利亚经济增长的突出表现，包括许多国际知名品牌在内的外国直接投资（FDI）纷纷涌入，仅 2012 年尼日利亚吸引的外资就达到了 70 亿美元（南非为 45. 7 亿美元），占全非洲的近七分之一。国际货币基金组织（IMF）2014 年 3 月对尼日利亚经济作出的预测评估也认为尼日利亚以农业、贸易及服务业为代表的非油气行业已经成为了拉动其经济增长的主要动力。正因为其经济的突出表现，尼日利亚与墨西哥、印尼和土耳其一起被合称为“薄荷四国”，被视为将发挥重要作用的新一代发展中经济体。

第二，采用国际通用的最新标准。尼日利亚此次统计采用国际通行的国民经济核算体系 2008 年版（SNA 2008），第 4 版国际标准产业分类（ISIC 4.0），第 2 版的联合国中心产品分类目录（CPC 2.0），代替原来使用的 SNA 1993，ISIC 3.1 和 CPC 1.1，对以往已经得到的数据重新进行分类，以适应目前有关国民经济核算的国际统计指导准则。

第三，增加了经济活动覆盖面。尼日利亚此次统计将纳入计算的行业从 33 个增加到 46 个，将管理和支持服务、动画、出版、艺术、娱乐休闲、专业科技服务、通信、信息技术、音乐、网上销售、航空、影视制作等多个之前未列入的行业纳入到新 GDP 统计当中以适应尼的经济现状。在具体行业中包含的细目也更多。例如，农业统计覆盖了更多的农作物，提供了 69 种农作物数量、价格、投入成本的数据，远比调整前的种类要多。又如信息通信业，调整前只包括有效线路，调整后加进了网络服务、数据包、电子商务、手机及配件等。

第四，数据来源更为广泛。尼日利亚的最新统计除了来源于联邦和州政府（36 个州均有参与）的相关机构和部门以外（如政府支出数据来源于联邦和地方政府总会计师办公室，金融保险数据来源于尼日利亚中央银行和国家保险委员会，还有部分来自于联邦税务服务办公室）。数据还来源于对家户和企业的调查报告，调查的覆盖面更广。例如，石油天然气的产出数据调整前来源于尼日利亚国家石油公司（NNPC）的年度报告，调整后在此基础上又加进了其他公司，如中间产品的数据通过石油生产公司如 Exxon Mobil Co, Japaul and Oando 的年度报告来估计。包括 2010 年和谐尼日利亚生活标准调查（Nigerian Living Standard Survey）、2010 年国家人力资源与就业创造调查（National Manpower and Employment Generation Survey）、14 个行业调查等。从调查部门得到的数据被添加到行政管理部门得到的数据中形成新的 GDP 估计。

第五，得到国际组织的协助、监督和认可。为了保证数据的质量，尼日利亚除了在内部进行确认之外（例如组织相关者召开研讨会以确认包括产出数量在内的信息），外部组织如国际货币基金组织、世界银行和非洲发展银行也参与了确认过程，并对其结果表示认可。

总的来看，由于此次统计采用国际通用的最新标准，数据来源更为广泛，加之多年编纂的历史、经济快速发展的背景及国际、国内相关组织的参与、监督和认可，人为地使得尼日利亚 GDP 增加以达到非洲第一的可能性不大，尼日利亚此次的统计数据具有相当的可信性。至于一些人因为尼日利亚的失业与贫富差距等社会问题没有得到缓解而质疑此统计的准确性，这可能对 GDP 的含义存在一些误解。实际上，GDP 的增长并不等同于发展，也并不必然带来贫困与失业率的减少。调整 GDP 并不能改变贫富差距的状况，它不会在一夜之间改变尼日利亚的经济，也不会使得贫穷与失业一夜之间消失，它只不过能够使得统计数据更为准确地反映尼日利亚经济的真实面貌，短期内对尼日利亚人民的生活并不会产生直接的影响。

二、尼日利亚成为非洲第一大经济体，非洲“领头羊”易位？

既然统计本身不存在太大的问题，从统计数据来看，尼日利亚确实成为了非洲的第一大经济体，那么，这是否意味着尼日利亚从此可以取代南非成为引领非洲发展的“领头羊”？

目前学术界对地区“领头羊”所需具备的条件尚没有统一的看法。笔者在综合各代表性理论的基础上，构建了一个较为全面的“地区领导国家”的理论框架，认为成为地区领导国家需要具备较大的经济规模、有利的地理位置、技术领先、较多在全球或地区价值链上处于高端地位的企业、较强的地区公共产品供应能力和网络能力等五个基本条件。① 因此，要回答上述问题，就要看尼日利亚是否具备了地区（非洲）领导国家的条件。下面依此条件对尼日利亚与南非进行比较分析。

1. 经济规模

较大的经济规模意味着大国经济效应，易于对其他国家产生影

① 刘青海．南非：非洲大陆的领导者？——基于“领导国家经济学”视域的考察［J］．华侨大学学报（哲社版），2013（4）：82-89.

响。经济规模可以以 GDP、人口数量、人均收入、城市化水平、收入差距等指标来反映：

（1）GDP。根据世界银行数据库显示，2013 年，尼日利亚 GDP 为 5099 亿美元，南非为 3703 亿美元，南非大大落后于尼日利亚。而且，从发展势头看，2008—2013 年，尼日利亚年均增长速度达到 7.1%以上，而南非则表现不佳，仅约为 2%（其中 2012 年为 2.5%，2013 年为 1.9%）。尼日利亚增速远高于南非，也高于撒哈拉以南非洲的 4.8%。

（2）人口数量。2013 年，尼日利亚人口 1.7 亿，南非为 0.53 亿，尼日利亚为南非的 3.5 倍，远远大于南非。

（3）人均 GDP。从绝对值来看，2013 年，尼日利亚为 2689 美元，南非为 7460 美元（2012 年），尼日利亚为南非的 0.36 倍。可见，尼日利亚虽然人口较多，但消费能力较低，远小于南非。

（4）城市化水平。尼日利亚城镇人口占总人口的比例为 50%（2010），低于南非的 62%（2012 年）。

（5）收入差距。尼日利亚贫富差距严重，2011 年基尼系数为 0.43，大约 63%的人口生活在 1 美元每天的贫困线以下，其中西北部和东北部贫困率更是分别高达 86%和 78%。失业率 21.1%，其中 15~24 岁的年轻人为 35.9%，地区中的约贝州高达 39%。2012 年人类发展指数（HDI）仅 0.471，在 186 个国家中位居 153 位。南非也是世界上贫富差距最大的国家之一，2012 年贫困线以下人口占 23%，失业率亦达 25%。

综上，与南非相比，尼日利亚的 GDP 及人口要多得多，增长潜力也更大，虽然处于贫困线以下的人口要多于南非，但总体来说，尼日利亚的经济规模应该更大。

2. 地理位置

从空间方面看，一个国家对他国的政治经济影响一般遵循距离衰减原理，即距离越远，影响越小，因此，地理位置是否有利对于一国能否成为地区领导国家是很重要的。这里有两个重要含义：第一，要临海。从产生国际影响的一个重要途径——贸易来看，一个深处内陆的国家只能达到沿海国家贸易流量的 30%，内陆环境使运输成本大约上升 50%，这使得沿海地区地理位置在国际竞争中的重要性不断上升；① 第二，临近区内其他国家，因为这样容易影响这些国家，不至于鞭长莫及。尼日利亚位于西非东南部，面积 92 万多平方公里，三面与喀麦隆、乍得、贝宁、尼日尔相邻，南濒石油储量丰富的世界上最大的海湾——几内亚湾，海岸线长 800 公里，不过，几内亚湾沿岸大部分地势低平，缺少天然良港。南非则地处非洲的最南端，三面临海，海岸线长达 2954 公里，不过海岸线比较平直，只有少数海湾具有良好的港湾条件，而且由于偏居一隅，距其他非洲国家遥远（除南部非洲以外），这对南非对其他非洲国家施加影响力是一个很大的制约。相较于南非，尼日利亚地理位置偏向非洲中部，距离南北部都不是很远，易于对其他国家施加影响。

3. 技术水平

技术是国家力量的一个源泉，通过技术领先，该国就对其他国家获得了竞争优势。尼日利亚成人识字率为 61.3%，低于非洲 67%的平均水平（2011 年），西北部和东北部文盲率更高，平均是南部的 4 倍，技术水平较低，制造业落后。虽然如此，尼日利亚也不乏合格的专业人才。遗憾的是，这些人才不少外流到了其他国家。例如，目前在北美工作和生活着 325 万尼日利亚人，这其中包括 11.5 万医师，17.4 万 IT 精英，8.7 万药剂师，4.95 万工程师，2.5 万法律和金融界人士。如果有合适的社会经济及投资环境，这些外流人才和仍在国内的几百万人才将会成为提高尼科技水平的重要力量。南非拥有世界顶尖的科研人才，科技发达，不仅在非洲处于领先地位，有些领域（如矿石开采与冶炼、核能和煤转换油、农业和生物技术、医学等）还居世界前列，2012 年，南非 15 岁以上成人识字率达 93%（SSA 为 60%），人力资本水平大大高于非洲的平均水平，研发支出占 GDP 的比例达 1%，而非洲为 0.4%（2007 年），处于领先地位。

---

① S. 布雷克曼，H·盖瑞森，C. 范·马克惠克．地理经济学[M]．成都：西南财经大学出版社，2004：107.

4. 在价值链上处于高端地位的跨国企业数量

在一个地区中，在全球价值链中的高端地位对于决定一国的经济地位是一个重要的基础，拥有很多这种跨国公司的国家，便能够通过这些企业控制其他国家。非洲开发银行（AFDB）近期的报告显示，在撒哈拉以南非洲地区，市值超过10亿美元的企业有12家，其中11家为尼日利亚企业，7家是来自银行业。西非50强企业中，有44家来自尼日利亚，可以说，尼日利亚企业在西非地区中居于主导地位。南非企业在非洲的金融、电力、电信、建筑、农业等行业都具有举足轻重的地位，不管是在购买方驱动链（如南非百货商店）还是在生产者驱动链（啤酒、纺织品生产）中都居于支配地位。2012年，尼日利亚对外直接投资存量为7407百万美元，而南非达到82367百万美元，是尼日利亚的11倍多，是非洲除发达国家之外的最大的FDI来源国。在联合国贸发大会报告列出的有世界影响的发展中国家50强跨国公司中，南非7家公司榜上有名。不过，南非的跨国企业有不少是资源依赖型企业，而且在南部非洲以外的地区相对较少，这就减少了南非在非洲其他地区的影响力。

5. 提供地区公共产品的能力和网络能力

一国如果在地区组织中担任关键的角色，通过制定规则等地区公共产品对区域进行治理，并使其他国家从中获益，就能够通过这些公共产品影响甚至控制其他国家，在该地区中发挥巨大的影响。尼日利亚长期执行以非洲为中心的外交战略，力图发挥地区大国作用，在非洲和次区域事务中努力发挥主导作用，积极斡旋利比里亚、苏丹达尔富尔、塞拉利昂和科特迪瓦等热点问题，为西非国家经济共同体（ECOWAS）、西非货币区（WAMZ）、“薄荷四国”、联合国经社理事会成员国（2012—2014年），联合国安理会非常任理事国（2014—2015年）、联合国维和行动主要出兵国，其中最突出的是作为ECOWAS的创始国、主要出资国和主导国家，在推动西非地区一体化中发挥重要作用，被视为将发挥重要作用的新一代发展中经济体。假以时日，尼日利亚还极可能取代阿根廷，和南非一样成为 G20（被认为是国际经济体系最重要的管理机制）的成员国。① 不过，由于自身经济及安全问题较多，尼日利亚常常自顾不暇，提供地区公共产品的能力和网络能力较弱。

相对来说，南非提供地区公共产品的能力较强，其中最突出的是通过南部非洲关税同盟（SACU）和共同货币区（CMA）在南部非洲货币一体化过程中起到的支配作用。南非还在非洲发展战略（通过 NEPAD）的制定、在冲突地区的协调、在跨地区的大型基础设施项目建设方面起着关键的作用。近几年来，南非积极参与地区合作，显示了较强的网络能力，现为 IMF 的重要成员、G20 的唯一非洲成员、“金砖国家”合作机制成员，这些为南非更好地代表非洲国家利益，在国际舞台上谋取更大的合作空间创造了条件。另一方面，南非的这些能力也面临诸多挑战，如国内面临的工人频繁罢工、高经常账户和预算赤字、尼日利亚崛起的挑战以及其他非洲国家的怀疑和不信任等。

综上，相较而言，尼日利亚在经济规模、地理位置指标上略胜南非一筹，在技术水平、跨国企业、提供地区公共产品的能力及网络能力等方面均远落后于南非，南非在担当非洲“领头羊”方面可谓稳操胜券。不过，南非不能因此而自满，毕竟，尼日利亚目前正被全球投资者视为重要的潜在市场（2012 年尼日利亚吸引的

① 这是基于三点理由。第一，尼日利亚的 GDP 总量和人口规模均超过了阿根廷。阿根廷是 G20 中除南非之外 GDP 最小的成员国，是 G20 中最容易被其他发展中国家取代的国家。2012 年，阿根廷 GDP 为 4755 亿美元（南非为 3843 亿美元），人口为 4109 万，均被尼日利亚超过。第二，非洲有 54 个国家而目前只有唯一的成员国南非，反观南美洲，12 个国家却有阿根廷与巴西两个成员国。从代表性来说，G20 显然有必要增加一个非洲成员国，而尼日利亚显然是最有代表性的候选国家。第三，近年来阿根廷采取了一系列严重违背 G20 良治原则的政策，例如国有化外资企业而不进行任何补偿、严重低报国内通货膨胀率、对能源进行价格操纵等，引起了 G20 其他成员国的严重不满，其产权投资市场已经从新兴市场等级被降低到与 SSA 国家相同级别的风险更高的边境市场。

FDI 已超过南非 24 亿多美元），最有潜力成为 G20 新成员国的发展中国家，正如十年前的南非。如果尼日利亚能够在经济多元化、政府良治、基础设施、安全、贫富差距、资源管理等方面取得较大进展，假以时日，尼日利亚也极有可能取代南非成为非洲的“领头羊”。

三、结论与建议

综上，我们可以得到两个主要结论：其一，尼日利亚的最新统计结果具有相当的可信性；其二，短期内尼日利亚尚难以取代南非成为非洲“领头羊”，但中长期内，尼日利亚极有可能超越南非，成为非洲新的“领头羊”。

由此，在处理对非关系时，我们应该对尼日利亚予以高度的重视，把尼日利亚置于与南非一样重要的地位。具体而言，我们有以下建议：第一，扩大与尼日利亚的高层乃至民间的人文与社会往来。第二，加大对尼日利亚的研究力度。目前在中国的非洲研究学界，有关尼日利亚研究的力度与深度远远落后于对南非的研究，显然迄待改变。第三，加大与尼日利亚经贸合作与援助力度，为中国企业对非经贸特别是投资合作创造更好地条件，特别是在签证的便利化、信息的提供、法律与安全的保障方面加大力度。

中国高铁在非洲建设投资：尼日尔案例分析

张　秦
武汉大学法语国家研究中心

2014年5月，李克强在世界经济论坛非洲峰会上发表题为《共同推动非洲发展迈上新台阶》的报告中特别致辞，提出包容性增长已成为世界普遍认同的发展理念。中国和非洲互利合作，提升23亿多人口的福祉，促进世界经济平衡发展，是世界上最大的包容性增长。实现包容性增长，交通基础设施建设应先行。中方愿与非方合作建设非洲高速铁路网络、高速公路网络和区域航空网络，促进非洲大陆互联互通，并愿提供金融、人才和技术支持，毫无保留地与非洲国家分享先进适用技术和管理经验。为此，中国又在非洲建立了高速铁路研究开发中心，为中国铁路在非洲顺利的建设、运行提供了可靠的技术保障。

中国是世界上最大的发展中国家，而非洲主要由发展中国家组成，经贸合作是中非新型战略伙伴关系的重要支撑。高速铁路的建设将再次引领中非全面深化合作进程。

经多方研究调查显示，目前，中国对非洲的研究主要集中在经济、国际关系、地理和一体化等方面。甄峰教授和尹俊谈到了非洲面临的最大挑战源自边缘化与依附性并存，并强调了区域认同意识和彼此合作意识的重要性。① 上海师范大学非洲研究中心主任舒运国表明，非洲大陆已成为世界的投资热点，非洲在一体化进程中，

---

① 甄峰，尹俊．非洲地理研究综述[J]．西亚非洲，2011（5）．

经济一体化的进程明显加快，非洲的消费市场潜力日益显现。① 中国社会科学院西亚非洲研究所非洲研究室副主任姚桂梅指出，非洲的基础设施特别是跨国跨地区基础设施短缺，使各国市场多处于分割状态，运输成本极高，不利于市场的有效配置。非洲国家和相关地区组织已认识到这一问题，并正在制定各种计划，出台各种措施，以推动跨境基础设施建设，打破内部贸易瓶颈。②

南非标准银行经济学家 Jeremy Stevens 在其研究报告中指出，自 2007 年以来，非洲基础设施建设资金的三分之二来自中国，中国在非洲投资修建公路、铁路、学校，为非洲未来的进步铺平了道路。③ 埃塞俄比亚裔荷兰学者特格恩·梅拉库在其博士论文中大胆断言，撒哈拉以南非洲国家的根本问题是普遍的贫穷和不自由，而这里的不自由意味着贫穷与专制、缺少经济机会和社会服务、忽视公共实施等。④ 经济学家 Hilling 通过对进出口商品类型及集装箱的分析研究表明，由于非洲季节性运输多样化，国家政治形态的不同和交通工具的不足等问题导致其运输能力的低效。⑤

笔者经过大量的网上搜索和文献的查阅，目前还未发现国内学者或学术成果以高铁展开分析。

该文将以一个国家为例，一方面对高铁在非洲投资的可能性，从宏观的角度进行分析和梳理，以证明中国高铁在非洲投资的前景和潜力巨大。另一方面从经济学的技术外溢、规模效应、集群效应

---

① 舒运国．非洲经济发展形势极其特点[J]．亚非纵横，2010(3)．

② 姚桂梅．非洲跨境基础设施建设及中国参与策略[J]．非洲发展报告，2012(14)．

③ 陈思敏．南非媒体：中国对非洲发展的影响举足轻重[J/OL]．中国经济网，[2011-7-24]．http：//intl. ce. cn/specials/zxgjzh /201107/24/t20110724_22560708. shtml.

④ 特格恩·梅拉库．试析埃塞尔比亚公民社会和民主制度形成过程(1991—2001)之中的结构性限制，非洲国家贫困的政治经济学研究——埃塞俄比亚裔学者梅拉库新研究述评[J]．西亚非洲，2005(3)．

⑤ Hilling，D (1988) Ships：Ports and Bulk Freight Transport In B. Hoyle and R. D. Knowles (eds)，Modern Transport Geography，London：Wiley. Source adapted from D. Hilling and M. Brown.

和流动性四个概念来分析高铁对这个国家的经济发展的推动作用。

一、尼日尔铁路建设的市场需求

（一）国家概况

尼日尔共和国位于非洲中西部，是撒哈拉沙漠南缘的内陆国，为世界上最不发达国家（低度开发国家）之一。该国北与阿尔及利亚和利比亚接壤，南同尼日利亚和贝宁交界，西与马里和布基纳法索毗连，东同乍得相邻。面积为 126.76 万平方公里，2012 年统计人口为 1630 万。1922 年沦为法国殖民地。1957 年获半自治地位。1958 年 12 月成为“法兰西共同体”内的自治国家，称尼日尔共和国。1960 年 7 月退出“法兰西共同体”，同年 8 月 3 日正式宣布独立。尼日尔实行半总统制。总统为国家元首、行政首脑和武装部队统帅，通过两轮多数选举产生，任期 5 年，可连选连任一次。总理为政府首脑，由总统根据议会多数党团的提名人选任命，对议会负责。

（二）工农业及资源

农牧林业等第一产业是最主要的经济部门，2011 年产值占国内生产总值的 39.5%。全国 80%以上的居民从事农业，有可耕地 1723.89 万公顷，已耕地 588.29 万公顷。粮食生产不稳定，主要粮食作物有小米，高粱，薯类和豆类等。2000—2005 年畜牧业产值平均占国内生产总值的 13.25%。全国从事畜牧业的人口超过 100 万。畜产品是第二大出口产品，出口值仅次于铀。森林资源贫乏，林业产值约占国内生产总值的 3.8%。

工业基础薄弱，2011 年工业产值占国内生产总值的 14.9%。主要有电力、纺织、采矿、农牧产品加工、食品、建筑和运输业等。

矿产资源比较丰富，已探明铀储量 21 万吨，占世界总储量的 11%，居世界第五位。磷酸盐储量 12.54 亿吨，居世界第四位，尚未开发。煤储量 600 万吨。还有锡、铁、石膏、石油、黄金等矿藏。

（三）基础设施

尼日尔为内陆国家，境内无铁路交通，主要运输方式为公路、航空和内河运输为主。公路总长为14660公里，其中沥青路3760公里，占全国公路网26%，其余为土路。根据对沿线的公路交通的观察，公路客货交通流量较小，基本以客货混载12座的中巴车为主。尼日尔河（季节性河流）经尼日尔境内550公里，有小型机动货船通行，雨季可航行较大船只。目前尼日尔没有运输船，只是民用独木舟。①

（四）产品的流动

尼日尔主要出口铀、牲畜、洋葱和黄金等，主要出口国为法国、尼日利亚、加纳和美国。主要进口生产资料、日用品和食品等，主要进口国家为法国、法属波利尼西亚、尼日利亚和中国。由于尼日尔为内陆国，其进出口物资主要经阿比让、科托努、拉各斯和洛美等邻国港口转运和空运，根据其与邻国的关系的关系、国际等级公路等因素，目前尼日尔进出口货物的运输主要有与布基纳法索连接的N6公路承担，进出口公路运距都在1000公里以上（见表1）。

表1　**尼日尔进出口货物运量统计表**　单位：万吨

年度	2006	2007	2008	2009	2010
出口	15.44	14.01	18.12	14.09	19.54
进口	105.62	114.86	120.82	133.68	175.27
合计	121. 06	128.87	138.94	147.77	194.81

【资料来源：中铁第四勘察设计院集团有限公司：《新建铁路尼日尔铁路NIAMEY至YATAKO段预可行性研究》。】

① 中非合作论坛．尼日尔国家概况[EB/OL]．[2009-09-17]．http：//www.fmprc.gov.cn/zflt/chn/zjfz/fzzl/t584866.htm.

随着尼日尔社会经济快速发展，矿产资源的不断开发利用，尼日尔国内生产、生活资料的需求量将迅速增长，优势产业如农牧业的出口能力不断提高，既有进出口货物运输通道的能力和质量满足不了这些需求；同时，国内地区间物资流通将日益频繁，国内的公路系统面临更大的压力。

（五）人员的流动

随着尼日尔城市化进程的加快，城市规模的扩大，人民生活水平的提高，国家和地区间经济、文化的交流频繁，旅游业的快速发展，人均出行次数将增加，客运将以较快速度发展。尼日尔的政治、经济、文化和交通中心尼亚美（Niamey）人口约100万。其邻国布基纳法索的首都和最大城市瓦加杜古人口98万；阿比让人口500万，是西非金融与贸易中心、著名的良港、非洲著名游览城市，为科特迪瓦最大的旅游中心与经济首都。由于客流吸引范围内城市密集，人口稠密，并且工商业发达，加之沿线有较丰富的资源，因而商业性客流和旅游客流居多。

通过对尼日尔的国家概况的综合分析发现，该国有相当的农业、工业和矿产资源。但由于基础设施的不足，尤其是交通设施的缺乏，造成了物品和人员流动性较差。因此在轨道交通建设方面，尤其是高铁具有较大的市场潜力。而中国的高铁是能够回应这种市场需求的。

二、中国高铁的竞争优势

（一）技术优势

据国际铁路联盟统计，截至2013年年底，世界其他国家和地区高速铁路总营业里程11605公里，在建高铁规模4883公里，规划建设高铁12570公里。同期，中国高速铁路总营业里程达到11028公里，在建高铁规模1.2万公里，中国高铁的营业里程已占世界总里程的一半。目前，中国可以说已经成为世界上高铁系统技术最全、集成能力最强、运营里程最长、运行速度最高、在建规模最大的国家。近年来，中国在高铁技术申请的专利也是日渐攀升，已经达到了2000件以上。中国高速铁路技术专利申请中，国内申请人占据了70%，其次是日本、美国、欧洲，分别占到了13%、8%、7%。①

2013年，中国铁路完成旅客发送量21.06亿人次，其中高铁线发送旅客5.3亿人次，比重超过25%。② 中国高铁的快速发展也为世界高速铁路发展注入了新的活力，展示了多样化的技术经济优势。

全国铁路第六次大面积提速后，时速200公里的线路延展里程达到6003公里。从时速160公里提高到时速200公里以上，列车控制系统、牵引制动系统、车体外形、系统集成等都要因为这40公里时速的提升而做出质的改变。为此，铁路部门引进国外动车组（动车组指的是列车的类型。也称多动力单元列车，是铁路列车的一种。它是自带动力、固定编组、两端均可操作驾驶、穿梭运行的旅客列车。）先进技术，消化吸收再创新，打造了时速200公里及以上的国产动车组制造平台。

庞大的高铁路网和相对较低的建设和运营成本是中国高铁引以为傲的优势之一，世界银行驻中国代表处2014年7月发表了的一份关于中国高铁建设成本的报告指出，中国高铁的加权平均单位成本是：时速350公里的项目为1.29亿元/公里；时速250公里的项目是0.87亿元/公里。而国际上，高铁建设的成本多为每公里3亿元以上。③

---

① 齐中熙，樊曦．我国高铁营业里程达世界一半[EB/OL]．[2014-03-06]．http：//news.sina.com.cn/c/2014-03-06/033029633711.shtml.

② 齐中熙，樊曦．中国高铁总里程达11028公里占世界一半[EB/OL]．[2014-03-06]．http：//www.cet.com.cn/cjpd/jjsj/1126883.shtml.

③ 郭淼．中国高铁造价1.29亿/公里国际上普遍超3亿[EB/OL]．[2014-07-19]．http：//www.city8.com/tieluditu/1619877.html.

（二）国际化优势

中非铁路合作悠久的历史渊源，始于20世纪六七十年代由坦赞中三方合作建成的坦赞铁路。该铁路是连接坦桑尼亚与赞比亚两国的钢铁大动脉，东起坦桑尼亚首都达累斯萨拉姆，西至赞比亚中央省的新卡比力姆博西，与赞比亚原有的铁路接轨，全长1860余公里。这条铁路的建成有力地促进了坦赞两国民族经济的发展，在当时对于加快整个非洲的解放进程功不可没。这一条非洲人民的自由之路，已经成为了中非友谊的坚实桥梁。

2010年，原铁道部就与泰国、老挝、阿根廷、哥伦比亚、保加利亚、黑山、斯洛文尼亚、土耳其等国的主管部门以及部分国外铁路设备企业分别签署了高铁合作协议。自2010年至今，中国与非洲国家还签署了包括乍得铁路、尼日尔铁路等多个铁路项目。

2014年5月8日，埃塞俄比亚至吉布提铁路，在埃塞俄比亚境内的德累达瓦市开始铺轨。该铁路西起埃塞俄比亚首都亚的斯亚贝巴，东至吉布堤共和国吉布提港，全长740公里，设计时速120公里，总投资达40亿美元，由中国进出口银行提供部分优惠贷款，并由中国企业实施总承包建设。这条电气化铁路全部采用中国标准，从设计、施工、监理，到轨料、施工装备、通讯信号和电气化设备、机车车辆等，全部使用中国产品。作为东非地区首条现代化跨境铁路，项目建成将对整个东非地区的发展都将起着重要影响。

2014年5月，中国铁建旗下中国土木工程集团与尼日利亚联邦交通部已签订尼日利亚沿海铁路项目框架合同，总金额达131.22亿美元，刷新了中国对外承包工程单体合同额最高纪录。① 该项目起点为尼日利亚经济中心拉各斯，终点为东南部城市卡拉巴，途经尼日利亚沿海地区的10个州，穿越整个尼日尔三角洲产油区，线路全长1385公里，设计时速120公里，全线设22个车

① 中国铁道建设总公司．中国铁建131亿美元签约尼日利亚沿海铁路项目[EB/OL]．[2014-05-08]．http：//www.sasac.gov.cn/n1180/n1226/n2410/n314289/15888495.html.

站，全部采用中国标准建设。这一铁路的建设也将为中国同非洲的高铁合作带来极大的示范作用。

2014 年 7 月，连接土耳其首都安卡拉和土耳其最大城市伊斯坦布尔的高速铁路二期工程于 7 月 25 日顺利实现通车。安卡拉至伊斯坦布尔高速铁路全长 533 公里。2005 年，由中国铁道建筑总公司和中国机械进出口（集团）有限公司牵头组成的合包集团成功中标二期主要路段，中标路段全长 158 公里，合同金额 12.7 亿美元，设计时速 250 公里。① 根据土耳其交通部提供的数据，目前安卡拉至伊斯坦布尔铁路客运量仅占总量的 10%，高铁开通后预计客运量将提升至 78%。

（三）中国和尼日尔的合作优势

1. 双边政治关系

中华人民共和国与尼日尔共和国于 1974 年 7 月 20 日建交。1992 年 6 月 19 日尼日尔过渡政府宣布同台湾当局“复交”，7 月 30 日中国政府宣布中止与尼外交关系。1996 年 8 月 19 日中尼复交。此后两国关系得到迅速恢复和发展。

2. 双边经贸关系和经济技术合作

1974 年至 1992 年间，中方共承建农业合作、特腊水库、埃尔地区打井、农具车间改造、蒂亚吉埃尔下垦区、综合体育场、沼气项目、加亚垦区等项目。1996 年中尼复交后，中方又完成恩东加节制闸工程、修复特腊水库部分设施、社会住宅建设、体育场维修、尼亚美大学教室和纺织印染厂扩建、津德尔市政供水工程等项目。目前正在实施的有尼日尔河二桥和体育场技术合作等项目。

两国签有经济贸易合作协定，设有经贸合作混委会，2002 年 9 月在尼举行了混委会第二次会议。2006 年 7 月在北京举行了混委会第三次会议。2007 年两国贸易额为 3078 万美元，同比减少 57.7%，几乎全部为中方出口。中方主要向尼日尔出口纺织品、机

---

① 范珣．中企参建安卡拉——伊斯坦布尔高铁二期工程实现通车［EB/OL］．［2014-07-26］．http：//gb.cri.cn/42071/2014/07/26/6071s4629 983.htm.

电产品和茶叶。

中国公司于1988年进入尼日尔承包劳务市场，已完成尼亚美古代尔水坝、古代尔坝船闸、中尼合资纺织印染厂仓库扩建和车间土建等工程。主要涉及电信、打井等领域。

3. 文化、教育、卫生、军事交往与合作

中尼两国政府签有文化和教育合作协定。自1978年起中方向尼日尔提供奖学金名额，目前尼日尔在华留学生33人。

两国签有中国向尼日尔派遣医疗队议定书。中方自1976年起向尼日尔派遣第一批医疗队员29人，截至1992年共派出8批医疗队员。两国复交后，中方于1996年12月恢复向尼日尔派遣医疗队。现为第17批医疗队员共36人，分别在尼亚美、马拉迪和津德尔三个医疗点工作。

2010年8月，中国国际广播电台调频节目在尼日尔马拉迪市、津德尔市和阿加德兹市正式开播。

三、从经济学角度分析

物理学中的重力模型是指两个物体之间的作用力与两物体的质量成正比，与物体间的距离成反比。Tinbergen（1962）和Poynohen（1963）通过实证研究发现，两国之间的贸易量与两国GDP成正比，与两国之间的距离成反比。基于此，重力模型成为分析贸易流量和流向的重要工具。1995年，MaCallum利用重力模型研究发现的“边界效应”（Border Effect），更给空间经济学的发展带来了突破。空间经济学研究的是空间的经济现象和规律，研究生产要素的空间布局和经济活动的空间区位。借助于空间经济理论，我们可以进行如下探讨。

（一）辐射效应

经济辐射效应是指以中心城市为经济发展的基点，通过资金、技术、人才等生产要素的流动，将经济、文化、科技、教育、人才等优势资源辐射扩散到周边地区，带动周边地区的经济、文化、教育、科技等全面的发展。

①尼亚美（Niamey）是非洲中西部尼日尔共和国的首都和最大城市，全国的政治、经济、文化和交通中心。人口约 100 万。尼亚美主要工业企业有农牧产品加工、纺织、水泥、制鞋、铝制品、电力、农业机械、制药和饮料等，国内一半的企业设在尼亚美。尼亚美还是尼日尔的主要对外贸易口岸，主要出口铀矿砂、牲畜、皮革和农产品。

尼亚美是全国交通中心，全国对外经济联系大部分经此，为多条公路交汇点，除通向国内主要城市和贝宁，尼日利亚和布基纳法索等邻国外，还有穿越撒哈拉沙漠公路，通往阿尔及利亚等国。市郊有国际机场，可起降大型客机。尼亚美是全国重要河港，尼日尔河每年 10 月至翌年 3 月可通航小船。

②泰拉（Tera）是尼日尔西南部的城市，由蒂拉贝里大区负责管辖，位于首都尼亚美西北 175 公里的尼日尔河支流河畔，毗邻布基纳法索。居民以农民为主，2010 年人口为 58 万，城区人口约 15 万左右。

③尼日尔西南部的多索大区（Région de Dosso）是尼日尔的一个省级行政区，位于该国西南端，与贝宁和尼日利亚相接。其省会多索市距离尼亚美市 130 公里。面积 31000 平方公里，占国土面积的 2.45%。人口约为 147 万，人口增长率 3.6%。境内有尼日尔河流过，森林资源占全国森里资源的 18%，土地肥沃。周围为谷物，棉花，粟和花生产区。农牧产品贸易中心，有花生加工，制砖和鞣皮等厂。

尼亚美向东贯穿国境的公路干线和南入贝宁和尼日利亚的公路在此交汇，并设有飞机场。沿线 200 公里范围内，除尼亚美有较落后的产业外，其他城市的发展水平都很低，主要以农牧业为主，经济活动基本依赖进口，且沿线没有运量较大的资源开发项目。

城市的辐射效应的发挥需要两个前提条件，既辐射内容和辐射媒介。辐射内容包括资金、人才、技术等生产要素。而尼亚美与全国的其他城市相比较，已经具备了该前提条件。辐射媒介是指生产要素流通的渠道，包括了交通、信息、网络等。在尼日尔实施高铁的建设可以将首都尼亚美及其周边城市有机的联系起来，通过发展极尼亚美的地域资源及文化等优势有效地带动其周边城镇的发展。铁路具有运量大、速度快、安全性能好、能源消耗低等优势可以带动多索与泰拉地区农牧业的发展，利用多索与邻国贝宁及尼日利亚交通的地理优势，并且同时发挥首都尼亚美的资源和文化优势，可以加强地域间货物与人员的流通，提升整个区域内的产业结构水平与城市基础设施水平，加强区域内的经济合作。随着尼日尔城市化进程的加快，城市规模的扩大，人民生活水平的提高，国家和地区间经济，文化的交流频繁，旅游业的快速发展，铁路带来的辐射效应将更加明显。

（二）规模效应

规模经济效应，是指随着规模的扩大，生产成本和经营费用都得以降低，从而能够取得一种成本优势。其反映的是生产要素的集中程度同经济效益之间的关系。

尼日尔国内近一半的企业设在尼亚美。其中支撑该国经济的农牧业，其加工地大多设在尼亚美。而原材料大部分是由尼亚美附近200公里范围内发展水平较低的城市供应。目前，尼日尔农牧业生产的特点是自给自足，农牧业家庭的需求决定其生产规模，往往是将家庭剩余的农牧产品拿到市场上出售。但是恶劣的环境条件如高温、雨量少、低肥力等限制了农牧业发展的数量及范围，并且由于缺乏足够的基础设施和便利的连接网络使得农牧业产品不能及时且具规模地运到市场。

尼日尔主要的出口农作物主要为洋葱，但事实上，尼日尔整个农作物的出口都经历了下降过程，从而使出口总量下降。洋葱占农作物总出口量80%以上，而小规模的洋葱种植者一直难以从他们的工作中获得利润，由于缺乏储存工具和基础设施，使得他们必须将洋葱在市场饱和、价格低廉的时期就近出售。

尼日尔牲畜贸易的基础是活的牲畜，因此，在牲畜营销渠道中主要增值活动是把牲畜从一个位置或所有人手中转让给另一人的方式，包括收藏家、中介机构、市场协会、小国和大国贸易商以及其他与会者。在国内市场，这主要涉及陆路贸易，也就是公路。牲畜从农场大门和收集市场等主要前沿市场交易给小商小贩。跨界部分主要涉及动物通过边境的牲畜市场。终端市场的大牲畜交易一次一卡车至少装载35头牛。但可想而知，由于公路载体的局限性使得这种交易规模不会很大。

撒哈拉地区国家的牲畜业在全球范围内都保有竞争力的价格优势（每吨1500美元）。尼日尔由于具有一个非常好的发展畜牧业的农牧区，使得国家在畜牧业养殖方面与周边沿海国家相比，在牲畜出口方面具有极强的竞争优势。但事实是尼日尔牲畜的出口量并没有增加，原因是这个传统产业的生产活动一直保持着游牧生活方式，缺乏专业性，并且由于基础设施的不足，农民想要将他们的商品销售到市场上，要消耗很高的运输和时间效力，从而在很大程度上限制了农产品交易量，使得产品的鲜活度下降，牲畜的质量下降，其重量及皮质质量价值贬值，导致整体收益下降，并导致该国的农牧产品加工活动一直处于初级阶段。该国是内陆国，没有铁路系统，主要道路的网络比邻国小很多，农村的道路网络要更小，特别是农村人口或耕地少的地区。投资于畜牧业生产，建立密集型生产区肯定会带来经济的增长。而为了让农民能够及时进入市场，基础设施的建设显得尤为重要。

目前，尼日尔畜禽贸易一般从农场大门和乡村市场收集动物，然后转向二级市场，或重新集结（在边境或其他较大城镇的市场）。再将牲畜按性别和年龄分成不同类别，最后输送到位于各个国家的省会城市终端市场。首都尼亚美是全国最大的农牧产品终端市场，其收购而来的畜禽产品一方面要供其自身人口的需求，另一方面还要出口到其他国家。因而每年都有大量的农牧产品输入到尼亚美。

目前，尼日尔的交通设施只有公路、航空和内河三种方式，而航空运输成本过高且航线较少；内河运输受到季节性的限制，国内农牧产品的运输只有依靠公路。多索和泰拉是主要的农牧业生产地，其作物一般通过公路运往尼亚美进行加工，同时尼亚美出口货物也只能通过公路转铁路的方式运往国外，但由于公路路况及运量的限制，及其运输成本的高昂，限制了该经济区域内货物的流通能力。铁路的建设将改善目前的状况，其故障率低、运输成本相对于公路低廉等优势可以满足尼亚美对原材料供应量和供应时间的需求。

（三）集群效应

产业集群是指在某一特定领域中，大量产业联系密切的企业以及相关支撑机构在空间上聚集，并形成强劲、持续竞争优势的现象。1990 年，迈克·波特在《国家竞争优势》一书首先提出用产业集群（Industrial Cluster）一词对集群现象进行的分析。区域的竞争力对企业的竞争力有很大的影响，波特通过对 10 个国家的考察发现，在所有发达的经济体中，都可以明显看到各种产业集群。

农牧业是尼日尔最主要的经济部门，全国 80%以上的居民从事农业。其中全国从事畜牧业的人口超过 100 万。畜产品是第二大出口产品。而首都尼亚美也是全国重要的农产品加工地，其原材料农牧产品由大型收购商从全国各地小型批发商或农户收购而来，由工厂加工完成再销往国外。

尼日尔生产的皮革和毛皮主要出口到欧洲。制革厂生产潜力的上限为每年 500 万—600 万张皮，接近尼日尔的总生产能力，可提供大量出口到欧洲市场。这项工业活动和传统制革厂的现代化涉及山羊和绵羊皮的后续加工。而高产的牲畜量使得这项活动的进行有了保障。尼日尔的皮革和毛皮行业的扩大和发展具有重大潜力，一方面因为该国牲畜的高质量的毛皮，另一方面由于其悠久的传统工艺。尼日尔国内的皮革和毛皮工匠往往是受过良好的训练，使得该国的皮革质量多年来在欧洲享有盛誉。

设在首都尼亚美的牛奶加工公司，其牛奶产量几乎达到国内需求的 50%。其原材料的收集主要还是通过收集附近当地的牛奶来加工生产。由于缺乏基础设施，从遥远地区收集牛奶是这一行业的主要障碍。

铁路的建成能缩短了原材料到达工厂的时间，并且由于与其他出口国铁路连接线的建成减少了供应成本，增加了产品的竞争性，使得产品的需求日益渐增，业务往来更加密切，信息交流与科技扩散更加迅速。而农牧业所涉及的各个行业机构为了满足消费者多样化的需求，都要在这个链条上的各个环节进行协作和配合。

铁路的修建将大大缩短时空距离，加速市场经济的发育，优化资源配置，发展规模经济，提高整体效率，改善投资环境，增大对外的吸引力。尼日尔铁路的建设，特别是首都尼亚美地区及农牧业产量丰富的周边地区的铁路建设，会使得更多的企业在交通干线地区聚集，使得交易费用和运输成本降低，吸引更多的企业到此地区域投资，从而促进了产业集群的形成和发展。因此，与农牧产品相关的产业会在铁路沿线地区聚集和扩散，促成铁路沿线地区形成一个最发达、最繁荣的极具活力和实力的经济发展增长轴。

（四）流动性带来的竞争优势

一个国家内各要素充分流动是该国经济快速增长的前提，其中包括人流、物流、资金流及信息流。支撑这四大流的基础设施则是畅通的区域交通网。之前我们提到了洋葱是尼日尔最重要的农产品，其出口量占该国农产品出口总量的80%以上。表2是目前洋葱在销售市场上的成本结构。

表2　**尼日尔洋葱销售市场成本结构**

成　本　项	CFA Francs/装运
交易费用及收费	
洋葱购买	1320000
套袋	132000
封塑	16500
装车+市场税	150000
交通运输（Niamey-Abidjian）	1155000
产品质量认证	150000
资料和护送费	316000

续表

成　本　项	CFA Francs/装运
卸车	33000
损失（20袋）	80000
总数	3352500
每麻袋价格（阿比让）	13000
净回报	677500

【资料来源：INRAN。数据基础：以最终市场在阿比让，每卡车装35吨货物为准获得的数据。】

阿比让是尼日尔邻国科特迪瓦最重要的自治港。从表2中，我们清楚地看到，洋葱在销往国外的过程中其营销成本占总成本的比例过高。如果有其他国家可以降低洋葱在科特迪瓦出口的营销成本，那么尼日尔的洋葱可能会丢掉这一市场。而这种高营销成本中很大一部分是交通运输所引起的费用。

目前尼日尔出海运输主要通过三条国际干线：

贝宁线：尼亚美至科托努港1060公里，其中尼亚美至贝宁的帕拉库以公路相连（622公里），帕拉库至科托努（438公里）既有公路又有铁路相通。

布基纳法索线：可分两路：一是从尼亚美到布基纳法索东部的法达恩古尔马，然后由发达恩古尔马南下至多哥洛美，均为公路，全长1245公里；二是通过公路由尼亚美到瓦加杜古（全长540公里），然后转铁路由瓦加杜古到阿比让（全长1145公里）。

尼日利亚线：由公路从尼亚美经马拉迪到尼日利亚的卡诺，然后转铁路到拉各斯。

尼日尔出口农牧产品到阿比让必须要通过公路由尼亚美到瓦加杜古，然后转铁路到阿比让。其中公路全长近总公里的三分之一。

综合考虑到当地的经济形式、铁路客货运成本以及尼日尔当地居民出行承受能力，并根据相关施工单位对尼日尔铁路建设可行性分析的经济评价结果，客货运的单价成本如表3所示：

表 3　　　　**客货运单价成本对照表**

方　式	公　路	铁路货运运价	铁路客运运价
价格（吨/公里）	0.249 美元	0.135 美元	0.048 美元/人

从表 3 中，我们可以看到，铁路货运的运价远远低于公路货运的运价。通过铁路降低交易成本将增加交易量，提高贸易商和生产商的经济利益，同时增加贸易量以促进区域贸易一体化是可行的、并极具说服力的。许多研究证明，不完善的营销系统可增加高昂的交易成本，从而导致失去竞争力。例如，农民可能宁愿在附近农场就地出售货品，也不愿将其货品运到遥远的市场进行交易，以免增加交易成本。这种情况可能会降低生产者从事生产该产品的积极性。

尼日尔属于内陆国家，国土面积大，只有铁路以其运距长、连续性强、规模经济等特点，才能将全国经济有机地联结起来，并可延伸至邻国海港，突破地域对国家和国民经济整体性和联系性的空间阻隔。科特迪瓦的阿比让自治港是本项目的主要基石。它是西非最具活力的港口之一。尼日尔铁路建设的推进可以更好地适应尼日尔日益增加的进出口运输量，加强当地农牧业活动的竞争力。

随着尼日尔城市化进程的加快，城市规模的扩大，人民生活水平的提高，国家和地区间经济、文化的频繁交流，旅游业的快速发展，人均出行次数将增加，客运将较快速发展，可以有效地促进了当地旅游业的发展。同时，人口的流动将会使得一大批劳动力从偏远贫穷的地区向较发达地区流动，降低劳动成本，增强企业的竞争力。

四、结论

根据《西非国家经济共同体铁路连接可行性研究》，卡亚—多里—尼亚美段铁路联线是西非国家经济共同体总体规划中的制定路线之一，全长约 1646 公里，连接了尼日尔的首都尼亚美、布基纳法索的首都瓦加杜古和科特迪瓦的商业中心以及主要海港阿比让，为尼日尔提供一条通达海港的铁路，其中 KAYA 至 ABDJAN 段为既有铁路。同时随着尼亚美至考拉纳莫达（尼日利亚）、尼亚美至帕拉库（贝宁）、尼亚美至布里塔（多哥）的建设，尼日尔国家铁路骨架网络的形成，其出海口不断增加，该项目可承担至其他线路的运量。

卡亚—多里—尼亚美段铁路联线项目同时也是西非铁路网建设和西非国家经济共同体发展的需要，西非国家经济共同体是目前非洲最大的区域性经济合作组织之一，本项目是西非国家经济共同体的铁路网全部 18 条线路的一部分。高铁是现代高新科技的汇总结晶，其项目建设不仅能大幅度提高交通运输能力，同时具有强大的产业拉动能力。按照高铁每投入 1 元就会带动其他产业 10 倍投资的专家测算，尼日尔的铁路建设可有力地带动其他产业的投资。项目的建设可以将现存的铁路网连接成一个统一的整体，从而将成员国紧密地联系起来，将在方便人流物流的同时，为扩大内需提供运输支撑，带动相关产业转型升级，带动铁路沿线地区的经济社会发展。

通过以上的分析，中国在尼日尔建铁路是完全有可能的，并且会带给该国较大的经济利益。目前，非洲大陆法语国家都存在与尼日尔类似的情况，中国在这些国家都有潜在的巨大的市场。

最后可以按照中国现在的高铁发展模式和布局在非洲大陆形成一个南北东西的高铁网络，拉动当地的经济增长，加速中国的投资。

中国与非洲经济贸易情况分析：以科特迪瓦为例

张蓝月
重庆工商大学

一、中非经贸概况

在经济全球化的背景下，非洲大陆，这个仅次于亚洲的世界第二大洲，越来越引起经济大国的关注。非洲素有“世界资源宝库”之称，其能源和资源禀赋得天独厚，在世界经济格局中的地位日益凸显。1956年，非洲的埃及率先与中国建交，开启了中国与非洲各个国家政治经贸合作的大门。经过半个世纪的发展，中非经贸关系日趋紧密，双方政府、企业界和民间的合作不断加强，经济合作的规模和领域日益扩大，贸易和投资的交往日趋频繁。

1. 中非经贸关系进程

中非经贸的初始阶段是从新中国成立后到改革开放以前。这一时期的中非贸易从民间贸易发展到了大规模的政府间贸易。中非贸易额从1950年的1214万美元扩大到了70年代的7.65亿美元，翻了将近6番。其中交易的产品结构也由初级产品向工业制成品转移，贸易国家也扩展到了撒哈拉以南的非洲国家。

改革开放以后到21世纪以前，是中非经贸关系加速发展的阶段。随着非洲国家实现民族独立和中国的经济体制改革的逐步深入，中非经贸关系进入迅速发展时期。双方贸易额不断扩大，贸易产品结构呈现多样化，经济合作几乎遍及整个非洲。20 世纪 80 年代，由于非洲经济陷入严重危机时期，中非贸易额略有起伏，一直徘徊在 6 亿至 12 亿美元之间。90 年代以来，伴随着中国外贸体制改革的实行，中国开始加强对非经贸合作，各种形式的贸易合作逐步开展起来。中非贸易额在 1999 年增加到了 64.8 亿美元。

2000 年到 2009 年是中非经贸合作的“黄金”时期。2000 年 10 月创立的“中非合作论坛”将中非伙伴关系推上了全面、快速、稳定发展的新阶段。双边贸易快速增长，产品结构不断优化，经济合作方式也在不断发展。2000 年，中非贸易首次突破了 100 亿美元。在之后的 8 年内，中非贸易保持 30%以上的高速增长。从 2004 年开始，中国从对非贸易的出超地位变为入超。2008 年中非贸易额达到了 1068 亿美元，中国成为非洲的第二大贸易伙伴国。中非贸易的发展正式进入了快车道。

2008 年的金融危机对中非经贸合作带来一定的影响。但危机过后，中非经贸强劲复苏。2010 年开始，双方关系进入“蜜月”期，中国成为非洲贸易的第一大合作伙伴。2013 年 3 月，习近平主席成功访问非洲，对中非经贸合作关系起了相当大的推动作用。

2. 中非经贸合作现状

中国已连续 5 年成为非洲第一大贸易伙伴国。2014 年，中非贸易额首次突破 2200 亿美元，同比增长 5.5%。其中中国对非出口 1061.5 亿美元，首破千亿美元大关，增长 14.4%；自非进口 1157.4 亿美元，下降 1.5%；逆差 95.9 亿美元，下降 61%。

从贸易差额来看，中国对非洲大多数国家一直保持顺差地位，而逆差主要来自一些资源大国，比如安哥拉和南非。这些巨大的贸易差额与中非贸易产品结构有着很大的联系。出口方面，中国对非出口中传统的纺织品、制造原材料、五金产品等附加值较低的产品比重逐渐下降，工业制成品的比重逐渐加大，尤其是技术含量较高、附加值较高的机械及运输设备产品的比重已经上升至第一位（2010 年达到 37.6%），这就使中非贸易中的顺差逐年加大。但进口方面一直以初级产品为主，尤其是石油、天然气、导矿、金属等天然能源和矿产以及相关的初加工产品占据了非洲出口的大半壁江山（2010 年达到 68.91%）①，也直接造成了中国与非洲资源大国的巨大贸易逆差。可以预见，随着中国经济增长和能源需求增加，对非洲的能源依赖程度还可能进一步上升。

从贸易占比来看，根据中国国家统计局的数据显示，2000 年以后，中非贸易都保持着快速增长水平。但 2013 年中非商品贸易总额只占中国商品贸易总额的 5%，占非洲商品贸易总额的比例稍高，超过了 10%。中非贸易虽然占双方的贸易比重还较低，但呈现快速上升的趋势。

另一方面，中国与非洲各个国家和地区的贸易水平不均衡。2013 年，南非、安哥拉、尼日利亚、埃及和阿尔及利亚这 5 国占据了中非进出口总额的 60%以上的份额。其他 40 多个国家仅占到 30%多的比例。

在对外投资方面，中国对非直接投资一直呈现稳步增长态势。中非合作论坛北京峰会以来，中方采取了设立中非发展基金、建设境外经贸合作区等措施，支持和鼓励中国企业对非投资，对非投资实现了跨越式发展。根据中国国家统计局的数据显示，2013 年中国对非投资净额为 33.7 亿美元，直接投资存量达到了 261.8 亿美元。

经济合作方面，非洲是中国企业的第二大海外承包工程市场。2013 年中国对非洲承包工程完成营业额达 478.9 亿美元，较上年增长 17.3%。合作项目涉及电力、通讯、水利、道路和港口建设等众多领域。中国正积极地向非洲各个国家提供力所能及的经济援助，深入拓展合作领域，探索和尝试开展项目运营管理。

总的来说，随着世界格局多极化和经济全球化的发展，中国与非洲之间经贸合作的互补性变得越来越强，中国对非洲的经济合作和投资贸易活动极大地推动了非洲经济的发展。同时，中国也离不开非洲巨大的资源和 8 亿人口的广阔市场。加强与非洲国家的经贸合作，对于中国切实落实“走出去”和“一带一路”的战略，具

---

① 冯阳．中非货物贸易商品结构分析[J]．国际商务论坛，2012（6）．

有十分重要的意义。现就西非地区的新兴经济中心科特迪瓦与中国的经贸关系情况做简要介绍，以分析中非经贸合作的具体现状和存在的问题，对如何更好地发展中非之间以及中科之间的经贸合作关系提出一些建议。

二、科特迪瓦基本概况及经济贸易现状

（一）基本概况

科特迪瓦，非洲西海岸的一个古老而又年轻的国家。自 11 世纪起成为当时西非南北贸易的中心之一。1893 年 3 月 10 日沦为法国的海外殖民地。1960 年 8 月 7 日宣布独立，成立科特迪瓦共和国。首任总统费利克斯·乌弗埃·博瓦尼，曾 7 次蝉联，直至 1993 年 12 月 7 日逝世。

1999 年 12 月，科特迪瓦前总参谋长罗贝尔·盖伊发动军事政变。2002 年 9 月到 2007 年 3 月，科特迪瓦发生内战。随后进入到由洛朗·巴博总统领导的政治过渡期。2010 年，科特迪瓦先后举行了两轮总统选举，候选人阿拉萨内·瓦塔拉和离任总统巴博分别组建政府，以致出现了“一国两主”的选后危机。2011 年 3 月，在西方国家的介入下，巴博被捕，危机宣告结束。5 月，瓦塔拉正式就任总统，并组建了科特迪瓦新一届政府。现政府在政策、外交、财政、经济、商贸、规划等各个领域的专业性和效率均得到很大提高，赢得了民众的支持。

科特迪瓦位于非洲西部，总面积为 32 万平方公里，西与利比里亚和几内亚交界，北同马里和布基纳法索为邻，东与加纳相连，南濒几内亚湾。海岸线长约 550 公里。2014 年科特迪瓦总人口约为 2500 万。官方语言为法语。通用货币为非洲金融共同体法郎①。

---

① 非洲金融共同体法郎，法语全称 franc des Colonies Françaises d'Afrique，简称为西非法郎（FCFA），是西非经货联盟的统一货币。非洲法郎区目前包括西非经货联盟的 8 个成员国（贝宁、布基纳法索、科特迪瓦、几内亚比绍、马里、尼日尔、塞内加尔及多哥）与中非经货共同体的 6 个成员国（喀麦隆、中非、刚果、加蓬、赤道几内亚与乍得）以及科摩罗。

科特迪瓦属于发展中国家，现为西非国家经济共同体①和西非经济货币联盟②成员国之一。

科特迪瓦有两大重要城市。一是经济首都阿比让（Abidjan），位于大西洋沿岸，人口约435万（2012年），也是总统府、政府和议会的现所在地。阿比让有“西非小巴黎”之称，是西非地区的金融和贸易中心，也是西非最大的天然良港，同时也是马里、布基纳法索和尼日尔等内陆国家的重要出海口和进出口货物的集散地。其战略和经济地位都相当重要。另一重要城市是政治首都亚穆苏克罗（Yamoussoukro），人口约26万（2012年）。1983年3月，科特迪瓦决定将首都迁往亚穆苏克罗，但进程缓慢，至今政府机构和外交使团仍留在阿比让。目前亚穆苏克罗的重要建筑有世界上最高的教堂和平圣母大教堂、总统官邸、市政府以及博瓦尼基金大厦。

（二）经济贸易概况

科特迪瓦自1960年独立后，开始实行以“自由资本主义”和“科特迪瓦化”为中心内容的自由经济体制。20世纪六七十年代经济发展迅速，国内生产总值年均增长8%，创造了“经济奇迹”。进入80年代后，受西方经济危机的影响，经济状况恶化。90年代中期曾一度复苏。但在内战和选后危机期间，经济急剧恶化。2011年3月科特迪瓦大选危机结束后，新政府在曾任国际货币基金组织非洲部主任和西非国家银行总裁的现总统瓦塔拉的带领下积极开展恢复重建，大力扶持港口、石油等重点部门，振兴咖啡、可可等支

① 西非国家经济共同体，英语全称 Economic Community of West African States，简称 ECOWAS。是目前非洲最大的区域性经济合作组织。现共有15个正式成员国：贝宁、布基纳法索、多哥、佛得角、冈比亚、几内亚比绍、加纳、利比里亚、马里、尼日利亚、塞拉利昂、塞内加尔、几内亚、尼日尔、科特迪瓦。

② 西非经济货币联盟，法语全称 Union Economique et Monétaire Ouest-Africaine，简称 UEMOA，是西非国家经济共同体中贝宁等7个法语国家于1994年1月10日成立，现有成员国为：贝宁、布基纳法索、科特迪瓦、马里、尼日尔、塞内加尔、多哥和几内亚比绍。

柱产业，整顿金融市场，开展基础设施建设，改善投资环境，积极争取外援和外资。此后，科特迪瓦经济呈现强劲增长势头，2012—2014 年科特迪瓦年均经济增长率达 9%，在撒哈拉以南非洲地区名列前茅。2014 年 7 月，国际信用评级机构穆迪①首次将科特迪瓦主权信用评级评为 B1 级（稳定展望）。

从基础经济指标来看，2014 年科特迪瓦国内生产总值（GDP）为 339.6 亿美元，世界排名第 95 位，占西非经货联盟 GDP 的 30%。根据国际货币基金组织的数据显示，其人均国内生产总值为 1495 美元，世界排名第 145 位。但根据联合国开发计划署的数据显示，科特迪瓦的人类发展指数（HDI）为 0.452，世界排名第 171 位，远远低于其经济指标排名。据统计，其居民预期寿命为 57.2 岁，人口增长率为 2.9%。截至 2004 年，60% 的人口享受基本医疗，平均 9908 人拥有 1 名医生，平均 2416 人拥有 1 名护士；平均 1000 人拥有 0.8 张病床。总体来看，科特迪瓦医疗设施情况较差，居民大多面临就医难的问题。

1. 资源概况

科特迪瓦主要矿藏有钻石、黄金、锰、镍、铀、铁和石油。截至 2013 年，已探明的石油储量约 2.2 亿桶，天然气储量 1.1 万亿立方米，铁矿石 15 亿吨，铝矾土 12 亿吨，镍 4.4 亿吨，锰 3500 万吨。森林面积 250 万公顷。

2. 农业概况

农业是科特迪瓦经济基础。全国可耕地面积为 802 万公顷。2011 年农业产值占国内生产总值的 24.3%。农产品出口占出口总收入的 66%。农业从业人口占全国劳动力的 49%。

科特迪瓦的主要经济作物是可可和咖啡，种植面积占全国可耕地面积的 60%。可可生产和出口居世界第一位，占全球供给量的 40%。咖啡生产居非洲第三位，世界第十二位。可可和咖啡的出口收入是国家主要外汇来源。2011 年以来，科特迪瓦着手改革可可

① 穆迪公司，英文全称 Moody's Investors Service，于 1900 年成立于美国曼哈顿，是著名的债券评级机构。

行业，成立了可可咖啡委员会，负责行业的监管、稳定和发展工作。2012 年可可产量 139 万吨，咖啡产量 12 万吨。

农业方面，科特迪瓦主要生产各类经济作物，但是粮食却不能自给。主要作物有玉米、小米、高粱、稻米、木薯、山药等。因政治稳定和经济向好，稻米年需求量连年上涨。虽然 2014 年全国稻米总产量达 130 万吨，但需求量也上升到 180 万吨，仍有 50 万吨的缺口需通过进口填补。据测算，稻米供不应求的情况将于 2016 年有所改观，届时科特迪瓦国内稻米产量有望达到 190 万吨，基本实现自给自足。

林业方面，森林资源丰富，木材曾是第三大出口产品，近 70%的木材都出口国际市场。由于过量采伐、农业开发、干旱和森林火灾等原因，森林面积锐减；森林覆盖率从 20 世纪 30 年代的 50%左右减少到现在的 9%以下。政府已采取措施限制森林砍伐和木材出口。科特迪瓦畜牧业和渔业也不发达。禽蛋基本自给，但 88%的奶制品、56%的肉类仍依靠进口。年捕鱼量 8 万 ~ 10 万吨，仅能满足 20% ~ 25%的国内消费需求。

3. 工业概况

2011 年科特迪瓦工业产值约占国内生产总值的 30. 3%。农产品加工业是主要工业部门，占工业营业总额的 35% ~ 40%。其次是棉纺织业、炼油、化工、建材和木材加工工业。受长期战乱影响，科特迪瓦能矿资源开发对国民财富的贡献率不到 1%，矿产资源开发占国内生产总值不到 5%，仅有黄金和锰实现工业化开采，2013 年黄金和锰矿石产量分别为 15 吨和 30 万吨。1996 年新油田开采后，矿产能源业在工业领域所占比重逐年增加。2013 年起石油日产量 25043 桶，年产量为 914 万桶。

4. 服务业概况

自 2010 年末开始，科特迪瓦主要产业均为国内生产总值的持续增长作出积极贡献，特别是服务业发展最快、贡献最大。2011 年服务业产值占国内生产总值的 45. 4%，2013 年占比达到 52. 4%。

在国家的大力扶持下，电信业发展迅速。截至 2014 年年底，移动通信用户总数达 2300 万，全国平均人手一部手机。

旅游业方面，重要的景点有科莫埃国家公园、塔伊国家公园、宁巴山自然保护区和亚穆苏克罗和平圣母大教堂。2010 年以来科特迪瓦开始重视发展旅游业和开发旅游资源。2012—2014 年，旅游业共新建 1—3 星级旅馆 114 家，房间总数达 14315 间，直接提供就业岗位 3000 余个，间接实现就业 9000 余人。据统计，2014 年全年，科特迪瓦共吸引国外游客 47 万余人。2011—2014 年间，外国游客人数平均增长率达 43%，极大地促进了其经济发展和国际交流。

5. 交通运输概况

科特迪瓦是非洲交通最发达的国家之一，特别是海运和公路。

（1）海运：科特迪瓦 98%以上的进出口贸易通过海运。阿比让港是西非最重要的天然良港和集装箱码头之一，也是布基纳法索、马里等西非内陆国家的主要出海口和进出口货物的集散地。2013 年港口年吞吐量为 2147 万吨。圣佩德罗港是第二大港口，年吞吐量为 120 万吨。

（2）公路：科特迪瓦是西非地区公路最发达的国家，公路网四通八达。2013 年公路总长近 8. 3 万公里，占整个西非经货联盟道路里程的 45%。由于交通事故频发，2015 年 3 月，科特迪瓦已建成撒哈拉以南非洲最大的一个高速公路急救中心。

（3）铁路：阿比让-瓦加杜古铁路是科境内段为科特迪瓦唯一一条铁路，总长 630 公里。

（4）空运：截至 2013 年，全国有大小机场 28 个，其中阿比让、布瓦凯、亚穆苏克罗三个机场可供大型飞机起降。阿比让机场是法语非洲国家最大的机场，年客运量为 200 万人次。随着中非间的贸易不断升温，中非之间的直飞航线近年来增加了十几条，其中埃塞航空公司签署北京泛源国际运输服务有限公司①作为货运代理企业。

---

① 北京泛源国际运输服务有限公司，英文全称 Beijing FSA International Transportation Service Co. Ltd.，简称 FSA，是经国家外经贸部正式批准成立的国家一级代理公司。主营国际运输尤其是非洲货运代理业务。

6. 对外贸易概况

科特迪瓦对外贸易连年顺差，在国民经济中占重要地位，2012—2014 年占 GDP 比重分别为 92.8%，84.9%，82.8%（见表 1）。主要出口商品是可可豆及派生产品、生咖啡豆、石油产品、石化产品、原木、木材、棕榈油、橡胶、棉花、农产品等；主要进口商品是大米、食品、轻工、纺织、电器、建材、机械设备等。欧洲联盟国家是科特迪瓦第一出口市场，科特迪瓦的可可、咖啡、木材、橡胶等产品大量销往这些国家。其工业不发达，90%以上的工业制成品依靠进口，汽车、纺织品、家用电器、五金工具、生活用品、消费品、医药、食品、建材、机器设备等均需进口。

表 1　**2012—2014 年科特迪瓦进出口情况表（单位：百万美元）**

	2012 年	2013 年	2014 年
出口额	11833	13247	15099
进口额	9770	12729	12972
贸易顺差	2063	518	2126

【资料来源：中国外交部网站：科特迪瓦国家概况。】

2014 年，科特迪瓦主要向以下国家出口：荷兰 10.0%，美国 8.4%，南非 6.9%，法国 6.2%；主要从以下国家进口：尼日利亚 21.8%，法国 12.2%，中国 8.8%，巴哈马 5.5%①。

7. 融资与债务概况

2011—2014 年，科特迪瓦政府通过发行债券在国内外金融市场融资 16 次，共获取资金 1.22 万亿西非法郎（约合 24.2 亿美元），极大地满足了国家财政和投资需求。2014 年，得益于穆迪对科特迪瓦的 B1 级主权信用评级，科政府借机进军国际金融市场，发行了 7.5 亿美元的国际融资计划，得到国际投资者的追捧。此

① 数据来源于 Planet Expert，http：//www.planet-expert.com/fr/pays/cote-d-ivoire/chiffres-du-commerce-exterieur.

外，科政府还广泛地与世界银行、非洲发展银行、中国进出口银行、伊斯兰发展银行和西非进出口银行等金融机构合作，千方百计为重大项目争取融资支持。

在债务方面，2012 年 6 月，科特迪瓦达到“重债穷国”减债计划完成点，获得减免总计 44 亿美元债务。据经济合作与发展组织统计，2013 年科特迪瓦获得的官方发展援助为 21 亿美元。主要捐助方为：德国 5.1 亿美元，美国 3.05 亿美元，日本 2.42 亿美元，法国 2.39 亿美元，西班牙 2.34 亿美元。

但 2012—2014 年间，科特迪瓦债务规模急剧增加，目前已超过减债前的水平。据统计，截至 2014 年年底，科政府债务总额达 78046.4 亿西非法郎（约合 156.1 亿美元），负债率 45.8%。但此数据远低于西非经货联盟所定的 70%的负债率上限，总体处于可控范围之内。国际投资者仍看好科特迪瓦经济发展前景，对科政府的信用度也充满了信心。

三、中科经济贸易关系

（一）双边经贸关系进程

1. 建交

1983 年 3 月 1 日，中国外交部长吴学谦与科特迪瓦外交部长西梅翁·阿克在北京签署建交公报。中华人民共和国与科特迪瓦共和国于 1983 年 3 月 2 日建交。

随后，在 1984 年，两国政府签署了第一个贸易协定。1986 年，中科双方开始劳务承包合作。但由于时任总统博瓦尼在政治立场上属于亲欧美派，对中国较为疏远，所以中科之间的双边贸易在博瓦尼执政期间都处于发展缓慢的状态，主要是中国政府向科特迪瓦提供各项援助和支持。在此期间访问科特迪瓦的中国领导人包括李鹏副总理（1986 年 10 月）、吴学谦国务委员兼外长（1987 年 6 月）、王汉斌副委员长（1989 年 9 月）、钱其琛国务委员兼外长（1992 年 1 月）、杨尚昆主席（1992 年 7 月）。

1993年总统博瓦尼去世以后，科特迪瓦高层开始重视发展两国之间的政治和经贸关系。时任总统亨利·科南·贝迪埃于1997年5月访问了中国，总理达尼埃尔·卡布兰·敦坎于1996年7月和1999年9月两次访问中国。同时，李岚清副总理和胡锦涛副主席也应邀访问了科特迪瓦。1996年，两国政府重新签署了贸易协定。1997年12月，中国投资开发贸易促进中心在科特迪瓦经济首都阿比让开业。

2. 巴博时期

2000年10月，洛朗·巴博当选科特迪瓦总统。科特迪瓦在巴博的领导下开始大力开展与其他国家的经贸合作。相对于之前法国企业在科特迪瓦几近垄断的地位，巴西、阿拉伯国家和亚洲国家的投资的增多开始改变科特迪瓦的经济金融结构。在这些国家中，中国的投资是其中数量最多和最为活跃的。

中科经贸关系得以快速发展，其根本原因是巴博奉行对华友好政策，在政治方面坚持“一个中国”政策，在经贸领域极力希望与中国开展真诚友好的合作。在其当选总统的当月，科特迪瓦对外关系部长夏尔·戈米就出席了中非合作论坛第一届部长级会议。

2001年12月，中科经济贸易合作委员会成立，成为两国经贸关系发展的新动力。

2002年4月，巴博访问中国，受到了中国时任国家主席江泽民、人大常委会委员长李鹏和时任总理朱镕基的亲切接待。

2006年11月，经社理事会主席洛朗·多纳—福洛戈出席中非合作论坛北京峰会。

2007年5月，科特迪瓦时任外长巴卡约科与中国商务部副部长魏建国签署了两国政府经济技术合作协定和科特迪瓦承认中国市场经济地位的谅解备忘录等文件。

2007年11月，中国时任外交部部长助理翟隽访问科特迪瓦，总统巴博与翟隽签署了中科经济技术合作协定等文件。

2002—2009年中科双边贸易的情况可以简单概括为：中科之间贸易飞速发展和中国对科贸易持续顺差。从2002年至2009年，中科双边贸易总额增长了7.5倍。2009年，中国一跃成为了科特迪瓦第三大商品进口国和第九大商品出口国。但科特迪瓦出口只占到中科双边贸易总额的20%以内，详见图1。

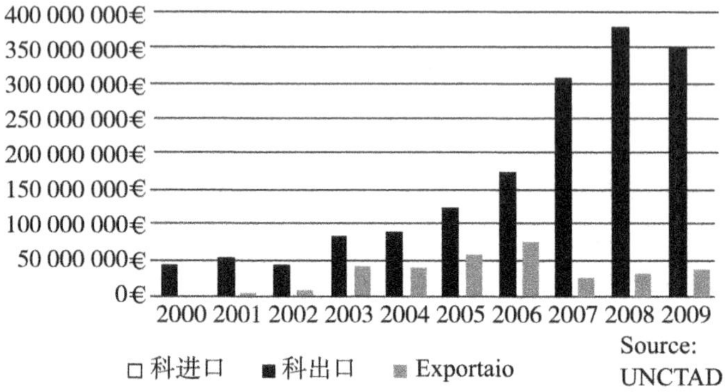

图1　2000—2009年中科双边贸易情况（欧元）

3. 瓦塔拉时期

中科之间20多年所积累的政治友谊和经贸合作的沉淀使得双边贸易并没有在科特迪瓦选后危机中受到太大影响。2010年，双边贸易额已突破40亿元人民币。

2011年5月，中国驻科特迪瓦大使魏文华在科特迪瓦经济首都阿比让申明，中国支持科特迪瓦和平进程，将致力于帮助科特迪瓦着手国家重建和恢复经济发展。

2011年6月，应科特迪瓦新政府邀请，中国时任外交部副部长翟隽访问科特迪瓦，双方签署了中科经济技术合作协定、中国政府对科援助协议等一系列合作文件。

2012年7月，现任总统阿拉萨内·瓦塔拉应邀出席了中非合作论坛第五届部长级会议开幕式。

会议过后，瓦塔拉开始积极推进与中国在经贸各领域的合作，中科之间的政治和经贸关系平稳过渡到了瓦塔拉所领导的新政府时期。2012—2014年，双边贸易总额分别为9.46亿美元，12.13亿美元和14.4亿美元，同比增长分别为34.6%，28.2%和18.6%。

中国为科特迪瓦战后经济重建给予积极的支持，与科政府签订了很多重大援建和投资项目。

（二）双边经贸现状

1. 中科合作项目总结

从 1983 年中科建交以来，双边贸易经历了三个阶段的考验。到目前为止，双方各领域的合作成果都相当丰硕。据统计，从 1983 年到 2014 年的 30 年间，中国在科特迪瓦实现了 177 个援助和投资项目。中国援助项目涉及领域包括电信、电力、交通和市政建设等，大部分属于科特迪瓦基础设施建设项目。建筑类企业也成了其他中国企业开启在科投资项目的先锋和领头羊（详见表 2）。

表 2　　**中科主要合作项目总结（1983—2014 年）**

领域	项目金额（百万欧元）	金额占比	项目数量	数量占比
基础设施建设	2686. 31	65. 96%	27	15. 25%
电信	728. 52	17. 88%	6	3. 39%
教育	304. 92	7. 48%	14	7. 91%
贸易金融	246. 83	6. 06%	55	31. 07%
农业	54. 09	1. 32%	25	14. 12%
国防	26. 82	0. 65%	6	3. 39%

【资料来源：Xavier AUREGAN，2015/02/18。】

现已完成的大型项目有议员之家、格格杜农田水利整治、外交部会议厅、加尼瓦医院和阿比让文化宫等。在建大型项目有苏布雷水电站、阿比让港口扩建、阿比让—大巴萨姆高速公路和阿比让供水项目等（详见表 3）。

表 3　近年来中国对科特迪瓦经济合作情况（2011—2013 年）

	2011 年	2012 年	2013 年
承包工程完成营业额（万美元）	2651	9037	32876
承包工程派出人数	95	206	870
承包工程年末在外劳务人员	146	325	673

【资料来源：中国国家统计局网站。】

2. 重点项目介绍

（1）苏布雷水电站：该项目是我国“两优”贷款项目①，是科目前最大的水电站工程。项目位置位于科西部苏布雷市萨桑德拉河上纳瓦瀑布处，由中国水电建设集团国际工程有限公司②承建。合同金额达到 5.72 亿美元，为 EPC 总承包合同。苏布雷水电站最大坝高 20 米，大坝全长 4.5 公里，水库总库容 8300 万立方米，总装机容量 27 万千瓦，年发电量 1038GWh。该项目将创造近 5000 个工作机会，同时还将建设医院、学校等基础设施。苏布雷水电站将造福当地百姓，促进旅游业的发展，改善科以火电为主的电力能源结构，推动地方经济的发展。

（2）阿比让自治港扩建：该项目是阿比让的重要经济组成部分，是科战后经济重建的重要项目。由中国港湾工程有限责任公司承建③，合同总额约 9.33 亿美元，是两国合作迄今为止最大项目。

① “两优”贷款是中国援外优惠贷款和优惠出口买方信贷的简称，是中国政府给予发展中国家政府的政府援助贷款。中国进出口银行是中国政府指定的“两优”贷款业务唯一承办行。

② 中国水电建设集团国际工程有限公司，由中国水利水电建设集团公司于 2004 年 12 月 28 日控股出资组建，是跨国经营的综合性大型企业集团，是中国规模最大、最具实力的水利水电建设企业。目前在 72 个国家有在建项目 486 个，业务覆盖能源、水务、交通、矿产、房建等各领域，在建项目合同总额超过 425 亿美元。

③ 中国港湾工程有限责任公司，是世界 500 强企业中国交通建设股份有限公司（CCCC）的子公司，代表中国交建开拓海外市场，目前在世界各地设有 70 多个分（子）公司和办事处，业务涵盖 80 多个国家和地区，在建项目合同额超过 160 亿美元，全球从业人员超过 15000 人。

主要工程包括航道和港池疏浚、建设1个集装箱码头和1个滚装码头、航道防波堤的改建等。该项目对重新确立其地区航运中心地位，促进科特迪瓦基础设施建设和经济发展具有重要作用。

（3）阿比让供水项目：该项目是科特迪瓦重大民生工程，由中国进出口银行提供优惠贷款，项目业主为科特迪瓦国家水公司，由中国地质工程集团有限公司①承建。阿比让供水项目主要工程由18眼大口径水井及变电系统、2个水处理厂、5座容积5000立方米水塔、2座加压站和93公里球磨铸铁管道及诸多相关附属设施和自动控制系统等组成。建成后，该项目生产饮用水能力为80000立方/天，将大大缓解阿比让南部地区目前的缺水状况。2015年3月，该项目一期工程正式竣工。

3. 中科贸易现状

在科特迪瓦对中国出口方面，科特迪瓦是农业和工业资源比较丰富的国家，特别是森林、石油和矿产产品是中国经济建设所必需的原料产品，但由于科特迪瓦近30年来政治局面较为动荡的情况和中科之间在地域距离方面的限制，造成科特迪瓦到中国的出口额的增长速度较为缓慢。选后危机过后，科政府致力于扩大其可可、咖啡等特色产品的对华出口（详见表4）。

表4　**2011—2013年科特迪瓦对中国进出口情况表（单位：万美元）**

	2011年	2012年	2013年
出口额	16210	14256	25713
进口额	54063	80391	95580
进出口总额	70273	94647	121293
贸易差额	−37853	−66135	−69867

【资料来源：中国国家统计局网站。】

① 中国地质工程集团有限公司，于1982年成立，是中央管理企业，名列中国外经企业50强。

而中国对科的贸易产品结构不断优化，品种不断丰富。中国性价比较高的化工建材、机械设备和日用商品在国际市场上具有一定的竞争力，且为科特迪瓦战后经济重建的必需品，受到科特迪瓦政府、企业和民众的青睐。通信设备、电子产品、农机、汽车等高附加值产品在科市场份额逐年扩大。因此中国在科特迪瓦的进口商品国中近年来排名都在第三位，亚洲国家中排名第一位。从结构上看，两国的贸易互补性很强，双方市场容量空间很大，双边贸易发展潜力巨大。

2010 年选后危机结束后，科特迪瓦政治局势开始稳定，同时瓦塔拉总统对经济重建予以充分重视，促使中科之间的双边贸易额总量逐年上升，2012 年同比增长 34.6%，2013 年增长 28.2%。

4. 中国在科特迪瓦从事贸易活动情况

目前中国在科特迪瓦从事贸易活动的企业有 100 家左右，并且大部分已在科特迪瓦工商局注册，企业人数近千人。截至 2013 年年底，在科特迪瓦的中国侨民约有 2500 人。

贸易活动主要分为三类：一是从事贸易和投资组装加工型贸易业务的大中型企业。这些公司的组织、管理和经营都比较完善，人员结构比较合理，在科特迪瓦开展业务大多都有十年以上的经验。这些公司在科特迪瓦已有自己稳定的渠道和良好的口碑，占有一定的市场份额。主要从事农机具、汽车、药品、医疗器械以及通讯产品的加工和销售。例如中兴通讯①、华为②和吉利③。二是民营企业。这些企业数量众多，大部分规模较小，在科特迪瓦开展业务的时间长短不一，主要从事中国各类商品的销售，尤其是药品的销售。这些公司是中科贸易得以深入发展的主要力量，但是他们面临的问题是抵御各种风险的能力较差和组织结构方面的缺陷。三是个

① 中兴通讯股份有限公司，成立于 1985 年，在香港和深圳两地上市，是中国最大的通信设备上市公司。

② 华为技术有限公司，成立于 1987 年，是一家生产销售通信设备的民营通信科技公司。

③ 浙江吉利控股集团有限公司（吉利汽车），成立于 1986 年，是中国国内汽车行业十强中唯一一家民营轿车生产经营企业。

体商人。他们有的是从非洲其他国家过来，有的是直接从国内过来，大多是临时行为，流动性大，管理难度大。因此这些商人的行为有时会对市场造成负面影响。同时，科特迪瓦市场上的商品大部分由黎巴嫩商人从中国和其他国家进口。中国的个体商人也面临着黎巴嫩商人的激烈竞争。

纵观中科贸易现状，有以下几点值得注意：一是大多数贸易商品的附加值不高，但由于中国产品质量的改善和品牌的推广，已经有一部分高科技产品，比如通讯类产品，能够在科特迪瓦市场上占有一定的份额。二是科特迪瓦具有竞争力的原料产品难以直接销往中国。科特迪瓦主要出口产品基本上都被欧美国家垄断。我国进口科特迪瓦的原料商品大多数只能从这些欧美国家市场上购买，价格较高。三是贸易规模小。宏观层面来讲，中科贸易额占中非贸易额的比重较小，同时中非贸易占中国进出口贸易总额的比重也很小。微观层面来讲，在科特迪瓦从事贸易活动的大多是中小企业，相互竞争激烈，缺乏投资理念和实力，难以扩大规模。

四、中科经贸关系展望

新任总统瓦塔拉在上任之初就提出“2020 年将科特迪瓦建设成为新兴经济体”的远景规划，简称“2020 新兴国家战略”。根据该战略规划，科特迪瓦将以持续和全面的经济增长和就业为基础，实现科经济结构向工业化转型，提高制造业占 GDP 和出口商品的比重，促进城市与农村中产阶级发展壮大，支持在合理范围内扩大内需，最终实现国家经济振兴。为实现这一宏伟规划，科特迪瓦政府开始采取多种措施，深化结构与行业改革。一是降低各种经济活动的时间和金钱成本，规范并简化私营投资领域的行政审批手续。二是在外贸发展方面，通过结构调整使科特迪瓦商品出口市场多元化；以优良的产品质量和具有竞争性的价格参与国际市场竞争；加强具有竞争性产品的进口；实施外贸自由化的方针，逐步授予中小企业进出口经营权，逐步放开可可、咖啡、棉花、木材等商品的经营权，随行就市，减少行政干预。

这一规划以及所采取的较为规范的市场体制措施，再加上科特迪瓦近年来经济的繁荣发展，都对中科双边经贸形成一种强而有力的推动。一是科特迪瓦政府在战后经济重建方面一直对中国企业比较信任，经济的发展必将增加中国在科特迪瓦的援建和投资项目。二是科特迪瓦是西非国家中经济比较富裕的国家，其国内投资环境和条件的优化将促进中国企业尤其是民营企业进入科特迪瓦市场并且稳步发展。各类企业的进入可以提供不同档次的商品，满足各阶层消费人群，扩大中国在科贸易活动的范围。三是科特迪瓦出口商品的多样化和外贸自由化将促进其对中国出口的发展，尤其是科特迪瓦具有国际竞争力的可可、咖啡、木材、石油等商品。同时，中国企业也可投资建设原料加工厂和生产基地，以半成品或成品销往中国。当然，除开农业外，中科双方未来在交通、电力、科技、金融等诸多领域都会有非常广阔的合作前景。

目前中科关系友好，中科经贸合作广泛。科特迪瓦政治局势稳定，经济快速增长。科特迪瓦能够成为中国进入西非市场的一道大门。中国应抓住这一良好契机，互惠互利，共同发展，期待更多的中国企业投入科特迪瓦战后市场重建，推动中科贸易和投资稳步进展。相信在两国政府和企业的共同努力下，中科经贸合作将再上新台阶。

参考文献

[1] 王爱虎，李燕．中非贸易发展现状分析[J]．江苏商论，2012（5）．

[2] 莫克塔．中非贸易发展前景分析[D]．2009（6）．

[3] 张小峰，刘鸿武．中非经贸合作回顾与展望（1980—2009年）[J]．财经问题研究，2010（1）．

[4] 杨钧．中非经贸合作历史与现状[J]．现代商贸工业，2015（12）．

[5] Xavier AUREGAN. 〈La Chine en Côte d'Ivoire：le double jeu〉, La revue géopolitique，2011/04/03.

[6] Xavier AUREGAN. 〈Les《communautés》chinoises en Côte

d'Ivoire analyse comparative de l'hétérogénéité des acteurs, de leur intégration et des territoires en Afrique de l'Ouest〉.

[7] Xavier AUREGAN. 〈La Chine, d'un État honni à incontournable en Côte d'Ivoire〉.

[8] 杨宁，高玉叶．我在科特迪瓦等你们——科总统瓦塔拉力邀中国企业到科投资[J]. 非洲，2012（7）.

[9] 法国驻科特迪瓦大使馆经商参处编写，〈Les échanges commerciaux de la Côte d'Ivoire en 2013〉，2014/06.

[10] 中国驻科特迪瓦大使馆经商参处．对外投资合作国别（地区）指南之科特迪瓦．[EB/OL]．(2015-08-14)．http: fec. mof-com. gov. cn/gb2n/upload/keted: wa. pdf.

[11] 中国驻科特迪瓦大使馆经商参处．中国科特迪瓦贸易现状、问题及建议[EB/OL]．(2008-04-30)．http: //www. mof-com. gov. cn/aarticle/i/dxfw/gzzd/200804/20080405504467. html.

[12]《中科经贸合作专刊》，国际商报，2013-04-11.

[13] 中华人民共和国驻科特迪瓦共和国大使馆官方网站，http: //ci. chineseembassy. org/chn/.

[14] 中国外交部官方网站，http: //www. fmprc. gov. cn/.

教　育

我国教育援非策略探讨

柏　群　刘宇琴
重庆工商大学

教育援非是我国与非洲各国建立友好合作往来的重要手段，历年来，我国对非洲教育援助也对非洲教育及其社会经济发展发挥了促进作用。但由于各种历史社会原因，非洲的教育发展仍然缓慢。基于非洲教育发展现状，我国教育援非需要以非洲各国教育国情为基础，着重提升其自身的教育发展能力，汇集多方支援力量，不断创新教育援非的模式。

一、非洲教育现状

（一）问题的提出

教育是使人类朝着和平、自由和社会正义迈进的一张必不可少的王牌，是促进更和谐、更可靠的人类发展的一种主要手段，同时也是一个全球共同的议题，它超越了国家和地域的界限。更好的教育是全世界、全人类的共同愿望，是关系到全人类生存与发展的重要因素。目前为止，由于历史和社会的原因，非洲教育基本处于世界最低水平。据统计，全球有大约 7.71 亿 15 岁以上的人不具备基本的识字能力，占同龄人口数的五分之一，其中三分之二是妇女，1.32 亿文盲，年龄在 15 岁至 24 岁之间。文盲人口中四分之三生活在 12 个国家里，其中有 5 个是非洲国家。确切地说，整个非洲 58 个国家中，没有一个国家的成人识字率高于 95%，非洲有 7 个国家识字率在40%以下。① 在全球教育一体化背景下，发展非洲教育刻不容缓，而教育援非是发展非洲教育必不可少的手段。

（二）目的和意义

为促进非洲教育发展，非盟提出了《非洲教育“二·十”行动计划（2006—2015年）》。其中提到的，非盟设想的一体化的、和平的、富饶的非洲愿景之一，是在全球社会和知识经济中由非洲自己来取得非洲人民应有的地位，而其前提是对非洲人力资源的开发。因此，教育成为培养非洲人民在实现这一愿景过程中发挥重要作用的主要手段②。教育是关键，其绩效直接影响甚至决定非洲发展的质量和规模；教育是非洲开发人力资源、传授适当技能、知识和态度的最主要的途径；在利用非洲现有的资源、实现工业化、参与全球知识经济、为非洲在全球社会取得应有地位等方面，教育构成了发展新观念、科学和技术的基础；非洲要巩固和平的文化、两性平等，形成积极的非洲价值观，也要通过教育这个途径。因此，此研究对于促进非洲教育的发展与提升具有现实意义。我国实施援非教育策略，从提升国家软实力的战略视角，或是服务于双方的国家利益的政经视角，乃至推进教育国际化的教育视角，中国教育援非对于服务国家政治、经济和外交利益，以及促进本国高校自身国际化发展均具有重要意义③。而中非教育往来具有重要的战略价值，不仅服务于我国的整体外交利益，同时对中国教育自身的改革与发展也有着重要价值意义。我国在教育方面的援非策略可以从思想上得到非洲各国政府和人民的支持，建立更加稳固和长久的友谊，更有利于传播中国精神，提升文化软实力。

---

① 联合国教育、科学及文化组织．2006年全民教育全球监测报告[R]．法国：UNESCO，2006.

② 万秀兰，田甜．《非洲教育“二·十”行动计划(2006—2015)》评析[J]．比较教育研究，2010（4）：1-6.

③ 梅新林．走特色化的中非教育合作交流之路［J］．西亚非洲，2007(8)：66-69，80.

二、非洲教育发展缓慢的原因

（一）新后殖民主义的侵略与剥削阻碍了非洲教育的发展

在20世纪世界民族运动高涨的背景下，非洲人民经过长期的努力，终于在“二战”后纷纷获得独立，其中1960年被誉为“非洲独立年”。独立后的非洲民族国家虽然摆脱了被西方列强诉之暴力的殖民统治，也获得国际上国家主权的承认，但却遭遇新殖民主义剥削①。如果说殖民主义阶段，西方列强主要采取的是赤裸裸的暴力侵略、政治压迫和经济剥削的手段，那么新殖民主义则主要采取的是相对隐形的经济、文化等剥削与控制的方式。西方发达的资本主义国家试图把非洲变成它们的市场和原料基地，而且还通过附加政治条件的“对非援助”加强对非洲的政治与文化渗透，试图把非洲变成其意识形态的附属。由于遭受长期的殖民主义统治的历史原因和当今的后殖民主义的文化宰制，非洲的文化身份和合法性受到压制，非洲的教育文化也深深烙印上西方白人中心主义的文化痕迹。西方中心主义的白人文化对非洲教育文化尤其是对黑人教育文化的殖民严重阻碍了非洲教育事业的发展。②

（二）资本主义制度导致非洲教育的不公平

资本主义制度下非洲教育的非正义、不公平问题，其中包括教育不公平的阶级或阶层因素。虽然非洲是一个晚现代化发展的大陆，许多非洲国家都处于欠发达国家或发展中国家阶段，但非洲却正在朝向现代化发展，在教育现代化过程中容易遭遇教育的不公平

① 科·图鲁—巴里马，李萍．非洲：教育与发展[J]．国际经济评论，1987（5）：79-81.

② 科·图鲁—巴里马，李萍．非洲：教育与发展[J]．国际经济评论，1987（5）：79-81.

发展问题，其中之一是资产阶级和权贵阶层与社会的劳工大众、草根阶层在教育方面形成的不公平的关系。它主要围绕着性别平等、生态正义、民主与人权等问题展开社会运动。虽然非洲并没有进入后现代社会，但与新社会运动相关的问题和议程也初见端倪，教育不公平现象在非洲各国中越发显现出来，严重阻碍了非洲地区教育的发展。

（三）本土文化与外来文化的冲突阻碍了非洲教育的发展

非洲大陆不但具有丰富悠久的本土历史文化，而且体现了多样性和复杂性。族群文化是非洲最悠久且最深厚的本土文化。非洲大陆拥有众多的族群，这些庞杂的族群文化构成了非洲文化传统的原点。这种深厚的族群文化既是非洲教育文化的本土之根，也是非洲教育生活世界的底座或支架。在殖民主义时期，为了控制当地原始土著人的思想，西方宗教文化的传入冲击了非洲大陆的原始文化，非洲种族文化逐渐分崩离析。随着非洲大陆的解放以及非洲现代性的推进，非洲块状的种族文化又受到了新时期现代世俗文化的冲击①。因此，当代非洲具有了三重文化底色：非洲土著传统文化、西方宗教文化和现代世俗文化，非洲文化教育学需要解决教育中这三重文化的和谐共处问题。这三种文化间的摩擦与碰撞是非洲大陆文化发展的巨大绊脚石。

（四）经济发展水平较低，教育经费严重不足

非洲是世界七大洲里平均最贫穷的一个洲，撒哈拉以南实际人均收入从 1980 年的 563 美元下降到 1992 年的 485 美元；1990 年，2.15 亿非洲人生活在贫困线以下。由于教育经费的不足，非洲许

① 段明希，吴敏，张宏喜．非洲教育行动计划述评[J]．全球教育展望，2007（3）：86-88.

多中小学教学楼破旧、教学设备和图书资料等硬件和软件基础设施缺乏，有的小学甚至20个学生共用一本教材①。在贝宁、布基纳法索、埃塞俄比亚和坦桑尼亚，半数的小学还没有通电，甚至一些大学的物理和化学实验室经常断水断电。教师的工资得不到保证，造成了师资力量薄弱。虽然非洲认识到了教育的重要性，非洲各国政府感到有义务满足这种日益强烈的对教育的需求，但目前债台高筑的非洲各国政府均无力支付此项费用。

（五）高素质人才外流现象严重

高素质人才外流是导致非洲教育发展滞后的另一重要原因。2006年8月8日，国际移民组织高级官员在塞内加尔首都达喀尔透露，非洲国家每年有2万多高素质人才流向欧美发达国家，“智囊外流”已成为制约非洲经济社会发展的主要因素之一②。国际移民组织副总干事恩迪奥罗·恩迪亚耶在同日举行的“移民、发展和减贫”国际研讨会上指出，贫困与战乱、专业特长难以发挥、待遇偏低，以及科研条件欠佳等是造成非洲大量人才通过移民外流的主要原因。③ 为此，非洲各国政府呼吁非洲国家、移民途经国，以及移民目的国协调移民政策，共同应对移民问题给非洲国家带来的挑战，逐步减少非洲人才外流。

（六）非洲人民自身的惰性以及对文化的抗拒性

由于非洲大陆各种族生活分散，许多原始部落过着自给自足的群居生活，对知识文化的渴求度不高。许多地区虽然开展了一系列的教育活动，但由于和实际生活相脱离，这些知识无法被土著民掌

① 段明希，吴敏，张宏喜．非洲教育行动计划述评[J]．全球教育展望，2007（3）：86-88.

② 陈顺．非洲每年流失2万多名高素质人才[EB/OL]．(2006-08-08)［2006-08-09］．http：//news. xinhuanet. com/world/2006-08/09/content_4939858. htm.

③ 段明希，吴敏，张宏喜．非洲教育行动计划述评[J]．全球教育展望，2007（3）：86-88.

握。而且尽管有些土著民认真地学习了所学的知识，但他们不能活学活用，不能将所学知识灵活地运用到生活生产中，这些因素大大降低了人们对知识的追求。伴随着近几年援非项目的不断增加，非洲大陆人民的惰性思想不断衍生，靠着救济过活地思想也严重阻碍了教育事业的发展。

三、我国教育援非策略

2006年中非合作论坛北京峰会的召开是中非合作的重要里程碑，在此次峰会上提出了八项援非措施。我国承诺在同非洲国家的合作交往中，除加强经贸、投资、文化交流和基础建设等外，还将突出强调我国对非洲人才的培养。在教育方面，中非之间的教育合作涉及多种方式、多个层次。方式上包括双方的高层互访、学生交流、教师派遣、高等教育、科研合作、举办专业培训、职业教育合作、校际交流与合作、非洲的汉语教学研究等方面。以此次中非合作论坛作为起点，各种形式的援助项目在中非之间开展起来。

（一）参与国际教育援非行动

教育援助包括双边援助、多边援助以及政府组织援助。为了汇集更多的援助力量促进非洲教育发展，我国援非教育在双边合作的基础上，还需要加入多边援助队伍，与更多的国际支援力量一道按照共同制定的援助计划开展教育援助。以联合国教科文组织为首的国际教育机构为实现非洲全民教育开展了一系列教育援助计划，许多国家的政府和非政府机构对此计划进行支援。除此之外，世界银行、国际货币基金组织、非洲开发银行等国际组织除了提供资金资助以外，还为非洲教育发展提供专业的政策建议等。我国也应积极参与到国际援助非洲教育的网络中，与国际援助机构共享相关信息，提高援助工作和资源的利用率，同时增强我国在国际教育援助领域的影响力。

例如，2000年以来，我国建立“非洲人力资源开发基金”，专门成立工作小组为非洲人力资源开发出谋划策，帮助非洲的发展筹集各种资金，为国际援助力量提供平台，共同援助非洲教育。2007年，我国与世界银行在众多援非项目上达成共识，中国进出口银行在其中作为衔接机构主要负责双方接洽。① 除此之外，许多高校加入国际援非队伍，与国际上其他高校进行交流与合作，在促进非洲教育发展的同时也促进我国高校的国际化。此外，非政府组织也加入国际援非教育的行列，我国许多银行与世界银行等国际组织、区域组织和非政府组织应加强合作，共同促进非洲教育发展。

（二）加强与受援国之间的交流

自2006年以来，中非合作论坛一共举办了六届部长级会议，每次会议都形成会议宣言，并在会后将宣言涉及的各项举措落到实处，加强中非之间的交流合作，增进彼此的了解。因此，我国在为非洲各国提供教育支援前期，教育专家和顾问应积极赴非洲开展实地调查和研究，通过全面地了解非洲各国当地的教育现状和教学水平以及在软硬件方面的缺口，制定符合非洲各国当地的教育援助计划和教育援助项目。另一方面，我们也应使非洲受援方了解我国和我国的援助政策，并参与其中，积极配合中国的援助行动，提高整个援助策略的效率。近年来，教育援非出现了一些新的发展趋势：受援国越来越以平等的姿态对待国际援助，主权意识和自主决策能力不断加强。所以在教育援非过程中，要强调受援国与我国之间的“平等伙伴关系”和受援国的自主性，这样既可以让受援国与我国共同承担教育援助的效果责任，又通过增强受援国的参与来提高援助工作的效率。

2012年至2014年，我国为非洲培训3万名各类人才，提供政府奖学金名额18000个，并为非洲国家援建文化和职业技术培训设施。② 这些援助都是在与非洲各国充分交流的前提下针对性地采取

① 李晖．世界银行与中国合作援助非洲[EB/OL]．[2007-12-19]．http：m. ftchinese. com/story/001016276.

② 国务院新闻办公室．中国的对外援助（2014）[EB/OL]．[2014-07-10]．http：//news. xinhuanet. com/politics/2014-07/10/c_1111546676_4. htm.

的措施。同时，应该积极在中非开展“中非民间友好行动”，让更多中非教育从业者和中非学生参与其中，继续开展“中非联合研究交流计划”，资助双方学术机构和学者开展学术研究、交流合作项目。让非洲当地的民众真正参与到教育合作中来，各种援非的策略才能达到预期的效果。我国应在非洲各国的策略的基础上，在非洲各国普遍支持和接受的基础上，实施我国的各项援非策略。

（三）增强提升教育发展能力的援助

古人有云：“授人以鱼不如授人以渔。”多年来，我国对非洲各国的教育援助主要以资金资助、人才派遣、基础设施建设等“硬件项目”援助，而在非洲自身能力建设发展方面没有采取系统的援助计划和援助政策。基于非洲各国教育发展现状，我国应加强对非洲自身教育发展能力的援助。首先，设置专业的援非教育能力发展机构。培养专业的援非教育指导人员，派遣相关教育发展领域专家到非洲各国配合非洲当地的教育改进工作。其次，开展针对非洲教育工作者能力发展的研修班和交流会。定期开展中非教育合作的各种论坛、交流会、研修班，为非洲教育工作来访者提供学习和进修的机会。

自 2011 年以来，三届中非智库论坛全方位地讨论了中非合作方式和内容。其中提出加强中非人才合作培养的合作计划，为非洲企业发展培养更多本土化人才。2014 年 9 月，中非法律法律人才交流项目在北京大学开班，该项目的开展周期为 1 个月，此次交流会中非双方共 30 多名学员参与，促进双方在法律领域的交流合作，为非洲教育提供更多法律知识和法律教育援助。① 2013 年至 2015 年间，中国政府将加强与非洲在职业培训领域的合作，根据“非洲人才计划”，中国将为非洲培养 3000 名技术人才，涉及从农业到公共卫生等各个领域。

① 谢文英．中非法律人才交流项目首期研修班开学典礼[EB/OL]．[2014-09-09]. http：//www. fmprc. gov. cn/zflt/chn/zxxx/t1189220. htm.

（四）发展高校教育援非

《中国的对外援助（2014）》白皮书中明确提到，鼓励双方高等院校开展交流与合作，采取切实措施提高双方互派留学生合作的实际效果，积极商讨签订中国与非洲国家间的学历认证协议。① 高校作为教育的主体力量，在教育援非实践中应担当重任。

1. 扩大外国留学生教育规模。据教育部最新统计，截至2007年9月底，中国共接收非洲50个国家中国政府奖学金来华留学生约2.1万人次，共接收非洲自费来华留学生约8000人次。②

2. 建立适合非洲学生的人才培养模式。制定选拔来华留学生的标准体系，同时按照他们对知识和能力的掌握水平合理安排课程和培养方式。

3. 打造具有国际化水平的师资队伍。截至目前，根据孔子学院总部的数据表明，我国在非洲27个国家共建立37所孔子学院和孔子课堂。孔子学院对提升非洲教育水平意义重大，也是中非教育联系的桥梁，我国应培养更多国际化的师资力量，加强中非教育交流。

4. 组织更多高质量的人才开发合作活动。北京大学、清华大学设立了为发展中国家培养硕士人才项目（MPA），旨在为非洲国家培养精英管理人才和提高非洲人才培养质量。各种人才交流研修班项目也需要提高针对性和关联性，落实各种人才培养项目的具体实施方法。

5. 推动双方高校的合作与交流。各援非高校应重视援非工作，提出相关实施计划和资源匹配方案，增强学校自身援非教育能力，特别是应就人才培养问题专门成立交流小组。

6. 加强我国高校对非洲问题的研究，促进高校国际化发展。

---

① 国务院新闻办公室．中国的对外援助(2014)[EB/OL]．(2014-07-10)．http：//news.xinhuanet.com/politics/2014-07/10/c_1111546676_4.htm.

② 王军艳，张举良．非洲留学生爱上了中国[EB/OL]．(2008-01-03)．http：//news.sohu.com/20080103/n254427593.shtml.

鼓励我国高校对非洲教育问题研究，为我国援助非洲教育提供有价值的建议，避免资源浪费。《中非合作论坛——沙姆沙伊赫行动计划（2010—2012年）》中提出了“中非高校20+20合作计划”，双方学者进行了学术互访和实地调研，并联合完成科研课题。根据中非合作论坛的数据显示，教育部自2000年以来共批准了10个教育援外基地。

（五）创新援非教育模式

目前，我国向非洲提供的教育援助包括：援助非洲建设学校、向非洲学生提供奖学金到我国留学、在非洲建设孔子学院、派遣援非教师及志愿者到非洲从事教育活动、援建非洲高校教育项目、举办多种形式和主题的援非研修班、帮助非洲培训专业人才等。而我国援助非洲教育仍以项目援助为主，我国应吸取国际上援助非洲教育的成功模式，具体问题具体分析，根据非洲具体教育现状把各种方法运用其中。教育捐赠、技术合作、贷款和多边援助可以结合使用。资金的支持是各项目开展的基础，在资金的基础上开展不同形式的援助，并充分利用中非合作论坛这一多边合作框架，尝试促进受援国相互合作的地区援助模式。

我国的“孔子学院”模式，就可以既传授汉语知识和中国文化，又让更多的非洲民众了解中国的各项援助政策。我国政府或其他社会组织可以自行建立援非机构，开展教育活动，利用我国的师资力量和教学设备以及先进的教育方式更加近距离地为非洲教育事业的发展作贡献。除此之外，加强教育的多领域合作也是可以继续发展的援助模式。2006年至2009年，在各种资金的支持下我国为非洲国家提供各类培训1.5万人次。① 2014年5月，李克强总理访非时提出，将为非洲提供更多资金、人力以及财政方面的援助，拟

① 王喆. 中非峰会后续行动跟进迅速[EB/OL](2008-03-13). http://www.chinafrica.cn/chinese/tbbd/txt/2008-03/13/content_104724.htm.

将对非洲提供贷款的额度从200亿美元提高到300亿美元。① 截至2009年年底，中国提供援助在非洲建成107所学校，加强与非洲国家在高等教育、职业教育和远程教育等方面的合作，在非洲建立生物、计算机、分析化学、食品保鲜加工、园艺、土木工程等专业实验室。② 各学科都有兼备，也能促进非洲人才的全面发展。但值得注意的是，在中非教育交流与合作过程中，应该立足非洲，关注非洲教育发展过程中需要解决的问题和需要改善的不足之处，并针对性地采取援助模式，促进非洲教育的本土化。

参考文献

[1] 联合国教育、科学及文化组织.《2006年全民教育全球监测报告》[R]. 2006.

[2] 万秀兰，田甜.《非洲教育“二·十”行动计划（2006—2015)》评析[J]. 比较教育研究，2010（4）：1-6.

[3] 梅新林. 走特色化的中非教育合作交流之路[J]. 西亚非洲，2007（8）：66-69，80.

[4] 科·图鲁—巴里马，李萍. 非洲：教育与发展[J]. 国际经济评论，1987（5）：79-81.

[5] 段明希，吴敏，张宏喜. 非洲教育行动计划述评[J]. 全球教育展望，2007（3）：86-88.

[6] 中非合作论坛，http：//www. focac. org/chn/xsjl/zflhyjjljh/.

[7] 孔子学院总部，http：//www. hanban. edu. cn/.

[8] 万秀兰. 非洲教育区域化发展战略及其对中非教育合作的政策意义[J]. 比较教育研究，2013（6）：1-7.

① 燕磊. 李克强在世界经济论坛非洲峰会上的致辞[EB/OL](2014-05-08). http：//www. chinanews. com/gn/2014/05-08/6150559. shtml.

② 国务院新闻办公室. 中国与非洲经贸合作[EB/OL](2010-12-23). http：//news. qq. com/a/20101223/001729_2. htm.

[9] 李育球．比较教育研究元范式下非洲教育学建构初探[J]．比较教育研究，2013（6）：29-33.

[10] 吴卿艳．国际教育援非的发展问题及对策[J]．比较教育研究，2009（5）．

留中非洲大学生的跨文化适应问题研究

崔　璨

法国克莱蒙二大地理研究所

随着中国国际化程度越来越高，大量的海外留学生来到中国求学，其中，非洲留学生的数量更是迅猛增长。本文通过深入访谈和问卷调查对中国部分高校在读的非洲留学生进行观察及研究。研究主要从非洲留学生在中国日常生活、学校学习以及社会融合等方面的跨文化适应三个层面展开，探析影响留中非洲大学生跨文化适应的因素，并提出合理化建议。

一、研究背景

随着经济全球化的进一步深化以及中国国际化程度的日益提高，来到中国学习的国际留学生也快速增加，尤其是非洲留学生来中国的数量更是迅猛增长。新中国成立之后第一批来到中国学习的非洲留学生是1950年来自罗马尼亚的五名学生。至此，中国对非洲留学生的接待已经拥有了65年的历史。自改革开放以后，来中非洲留学生的数量更是快速增加。

在这一发展过程中，我们可以明显地看到三个渐进的增长过程。第一阶段开始于20世纪50年代到20世纪80年代后期结束。由于这一时间段的非洲国家多数处于解放运动之中，来华留学的非洲留学生数量并不太多。80年代末时来华的非洲留学生总人数达到 2245 人次，到 1989 年，52 个非洲国家都有学生前来中国留学。之后，中非间留学生交流在 90 年代发展迅速，这是由于中国政府大力发展教育事业，中国高校的数量及质量在当时都取得了很大的进步，中外间的教育交流机会也因此发展迅猛。自从 2000 年中非合作论坛建立起来，中非间教育合作在 21 世纪揭开了新篇章。中非合作论坛曾发表《中非经济和社会发展合作纲领》等文件，进一步强调了中国政府对中非合作及教育事业的重视，并承诺采取如增加奖学金名额、加大对中非教育合作等一系列有利于非洲来华留学生的举措。2001 年，拥有奖学金的非洲来华留学生占了中国所有外国奖学金留学生的 24.73%。根据中国国家教育部的数据，来华非洲留学生从 1999 年的 1348 人次增加到 2009 年的 12346 人次，涨幅有十倍之多。

目前，中国已经成为非洲学生留学主要目的国之一。但是，由于非洲留学生不占据在中国留学的国际留学生的主体，对在中国大学学习的非洲留学生研究尚未得到足够重视。由于非洲留学生具有较为特殊的民族习惯和社会风俗，面对博大精深的中国文化，非洲留学生在中国的跨文化适应会出现一些障碍。笔者从日常生活、学校学习以及社会活动中的跨文化适应三个方面，对于非洲留学生在中国的跨文化适应方面做了调查并对结果进行了整理。

二、研究内容

本次调研主要以湖北省和浙江省高校非洲留学生为样本案例，总共选取了共 52 名非洲留学生（包括 38 名男生及 14 名女生）参与问卷调研，并从中选取了两名进行了深入的访谈。受访者年龄在 17 岁至 30 岁之间，其平均年龄为 24 岁。所有参加问卷调查的学生来中国的主要目的都是为了学业，而并非经商、工作等。具体受访者情况详见表 1。

表 1　　参与调查学生基本信息表

Participant	Nombre de personne	Pourcentage %
Sexe		
Femme	14	27%
Homme	38	73%
Age		
17-23	37	71%
24-29	11	21%
≥30	1	1%
Longucur de Séjour（Mois）		
1-6	15	29%
6-12	7	13%
≥12	30	58%
Objectif du séjour		
Études	52	100%
Autre	0	0%
Expériences avec la Chine		
Oui	1	2%
Non	51	98%

由表一可以看出，58%的非洲留学生在中国学习的时间都长于一年，其中最长的是5年，说明来中国读书的非洲留学生参加短期交流或培训的较少，而多是为了获得本科或硕士学位。另外，我们也可以看到，大部分的非洲学生都是第一次来中国，之前都没有过和中国接触的经历，这也提醒我们，对于这些学生来说，刚来中国的适应过程可能会更加困难。

1. 日常生活方面的适应

在被问及刚到中国来时的感受时，有一个非洲学生至今记忆犹新，他这样说道：

“当我刚到中国的时候，还是在放假期间。所以学校办公室里面什么人也没有。我在中国的第一个星期是在我的一个亲戚家里住的。我当时想着提前来中国，这样我可以在开始上课之前先尝试适应一下在这个国家的生活。我的这个亲戚帮了我很大的忙，我大部分在中国学习生活的经验都是他教给我的。我认为我算融入的很好了，对于其他某些人来说，可不像我这么幸运。”

由于非洲文化的特殊性，非洲留学生在中国高校的跨文化适应远比日韩、或者东南亚的留学生要难。生活中方方面面的不同会给他们在学习和生活中带来种种压力和困难。笔者对于非洲留学生的跨文化适应问题进行了问卷和访谈调查，主要涉及日常生活、学校学习及社会活动三个方面。

为了便于统计，笔者用数字（1~5）来表示受访者在某一方面的适应程度，1 表示最难适应，而 5 表示最为适应，图 1 为在非洲留学生日常生活方面适应情况的调查结果。

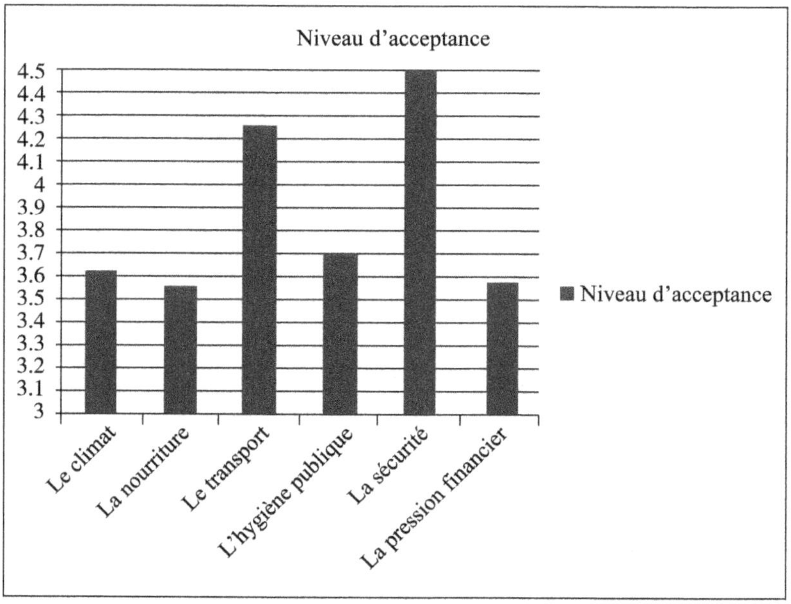

图 1　非洲留学生对中国日常生活方面接受程度表

对于非洲留学生来说，气候是一个难以适应的问题。从地带性位置看，整个非洲处在赤道气候带、热带气候带和亚热带气候带，由于赤道横贯非洲大陆中部，3/4 面积位于南北回归线之间，炎热、干旱是非洲气候的突出特征。而武汉甚至杭州都是湿度较高的城市，春夏差异大，对于很多非洲学生来说，他们是来了中国之后才第一次看到了雪。

中国的饮食文化有时对他们也是一个不小的挑战，虽说中国是一个有着历史悠久的饮食文化大国，但毕竟饮食和这些非洲留学生在家乡吃到的差别很大，再加上在中国很少可以见到地道的非洲餐馆，中国人常用的筷子对他们也非常陌生，这些因素都导致他们在饮食方面通常需要很久的时间才能相对适应。

相反地，他们对交通和卫生这两个方面表现出了较高的满意程度。通过采访得知，他们认为中国的地铁、公交路线等都非常容易使用，尤其是还能通过手机查询出行路线很方便，一致表示很满意。他们对中国的校园公共卫生条件也非常满意，虽然在公共场所仍有一些细节有待完善，总体上而言，受调查的留学生们对这两点都评价较高。

安全问题对于在中国高校就读的非洲留学生也基本不是问题。而经济压力对于这些学生而言，存在一个明显的两极分化趋势。对于家庭较为富裕或获得奖学金的学生来说，他们并不会担心钱的问题，但是对于某些家庭不够富裕的学生来说，这一点还是会给他们造成不小的心理压力。总体而言，后者占少数。

在笔者询问关于在中国学习生活的满意度时，大部分的学生都给出了“非常满意”、“满意”的回答，仅有少数人的回答是负面的，详见图 2。

29%的学生对他们在中国的生活非常满意，40%总体上是满意的，而 25%的学生认为自己还不能够对此进行判断。只有 6%的学生认为这个过程总体上是不太满意的。我们由此可以相信，在日常生活的适应方面，基本上非洲留学生在中国并没有遇到难以克服的困难，相反，大部分的学生都喜欢上了中国，甚至其中很多人都表现出了想要继续留在中国学习、工作和生活的愿望，这也是为什么来华非洲留学生的数量逐年增多的一个有力的推动因素。毕业后的

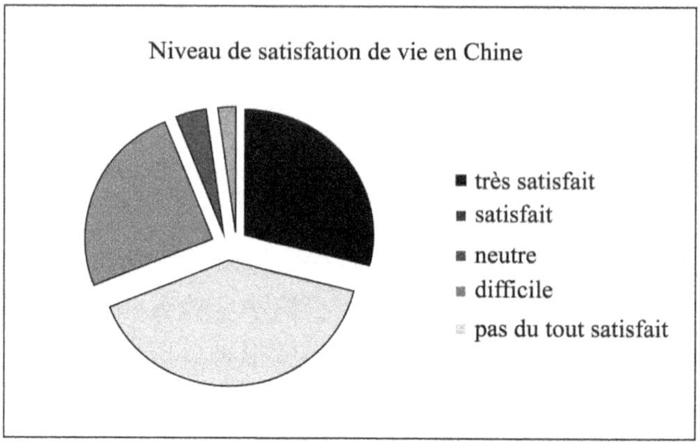

图 2　非洲留学生在中国生活满意度调查表

非洲留学生回到家乡之后，如果对在中国的留学生活印象良好，必会告诉亲朋好友，这也就在无形之中给中国的高等教育做了很好的宣传。

2. 学校学习方面的适应

和一般移民或打工者不同，学生最主要的活动范围是在课堂上，而能否很好地适应学校的学习生活在很大程度上决定了非洲留学生对在中国生活的满意度。图 3 反映了非洲留学生在中国高校学习过程当中的适应程度调查情况结果。

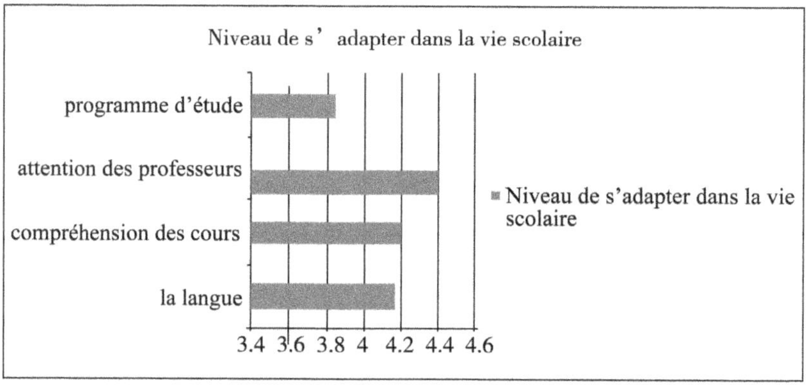

图 3　非洲留学生在中国高校学习适应情况调查表

我们从图 3 中看出，非洲留学生在中国的学习也并无太大的障碍。从反馈情况看，老师们对非洲学生都较为关照，本科的学习方式也较为接近他们熟悉的自由学习方式。唯一的问题存在于语言理解上。而一旦非洲留学生度过了在华的初步适应阶段，并进一步学习了中文之后，在学习中会更加如鱼得水。

非洲留学生在中国的学习并不局限于课堂上，他们在课外和中国老师、学生的互动同样也是学习适应中非常重要的一部分。根据我们调查的结果显示，三分之一的非洲留学生能够很好地维持和中国同学的友好关系，甚至会在课后见面讨论和交流。但是绝大部分的非洲留学生几乎不去中国高校的图书馆、博物馆等文化机构。另外，虽然很多非洲留学生同中国学生保持着友谊，但要真正能够做到像和本国人交往那样，一起娱乐、放松、无压力的交流还是比较困难。

要想非洲留学生能够更好地适应在中国高校的学习，一个必要的举措就是加强非洲学生的中文学习。只有很好地理解中文，并能用中文与老师同学顺畅地交流，这些非洲学生才能够真正地进一步融合到中国的班级里去。

3. 社会融合方面的适应

从上文我们可以看到，非洲留学生来中国留学之后，在日常生活和课程学习方面都没有遇到太大的问题。而当我们问到关于社会融合方面的问题时，这些非洲学生的态度有了明显的变化：

“我觉得中国社会应该也给我们这些非洲留学生一些打工或者实习，甚至是工作的机会。我们来这里除了学习书本知识，还希望能够真正有平等的机会，能融入到中国社会中去。”

“中国人应该对我们更有信心，因为我们在中国大学读书，我们学习一样的东西，我们也会具有同样的能力。我们不应该只生活在校园里。”

虽然在专业课堂上，非洲留学生并未感到种族不同带来的压力，但是有时在进行课外的学习活动时，尤其是走出校园时，他们还是会遭遇到来自其他陌生同学或者大街上行人的异样的眼光。如何才能融入周围生活和学习的环境，对很多非洲留学生来说，还是一个不小的困扰和挑战。

我们从图 4 可以看到，几乎绝大多数的非洲学生都经历过在大

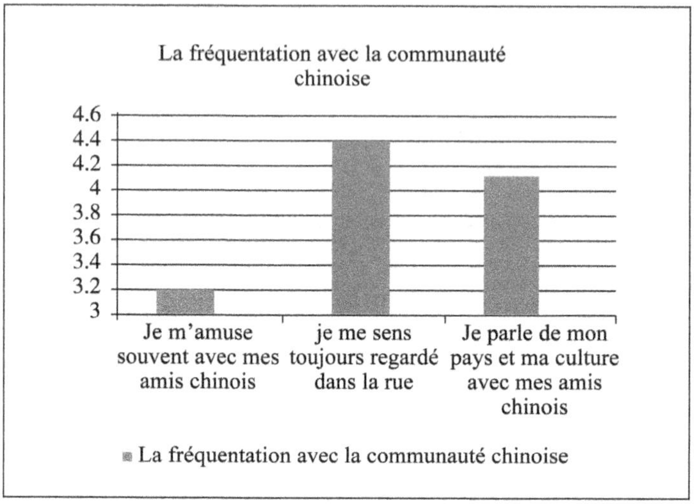

图 4　非洲留学生和中国当地学生互动情况调查表

街上被中国民众异样关注的经历，而这种经历很多都不是友好的。很多的非洲留学生告诉笔者，中国人普遍对非洲国家的历史与文化不太感兴趣，而为了改变这一现象，很多非洲留学生会选择和自己的中国好友分享自己国家的传统与习俗，希望借此能够加深中国学生对非洲大陆的兴趣与了解。遗憾的是，在回答“是否经常和中国学生一起共度休闲时光”这一点上，非洲留学生持肯定答案的只占很小一部分。

很多非洲留学生表示，在学习书本知识之外，很少有非洲学生有机会去中国的政府、企业实习、工作，而总是以一个旅居者、局外人的身份在中国居住着。可见，想要让中国学生和非洲留学生之间建立一个长期稳定的亲密关系，中非文化的融合还需要很长的一段时间来发展。

三、总结

中国的高等教育对于非洲留学生而言，始终充满着强大的吸引力，中非在教育方面的进一步合作具有广阔的前景。通过与非洲留学生们深入的交流和沟通，笔者发现，非洲留学生在日常生活和学习方面没有太大障碍，最主要的问题仍然集中在语言理解上。这一点上，需要给予非洲留学生更多的时间学习汉语和中国文化。但是语言理解只是跨文化适应的第一步，非洲留学生要想真正融入到其生活和学习的周围环境以及中国社会的大环境中去，仍然有很长的一段路要走。

参考文献

[1] 郑萱童. 在华留学生的跨文化适应研究[D]. 上海：华东理工大学，2013.
[2] 杨军红. 来华留学生跨文化适应问题研究[D]. 上海：华东师范大学，2005.
[3] 陈国明，William Strarosta. 跨文化交际学基础[M]. 上海：上海外语教育出版社，2007.
[4] Journet, N. (Dir). *La culture. Del'universel au particulier.* Auxerres: Editions Sciences Humaines, 2002.
[5] 中非合作论坛，http://www.focac.org/chn/.

PASEC 教育评估系统研究

李群星
武汉大学法语国家研究中心

PASEC（Programme d'Analyse des Systèmes Educatifs de la CONFEMEN），即非洲法语国家联盟教育系统分析项目，是非洲法语国家教育部长联盟（以下简称 CONFEMEN）下设的一个基础教育分析和评估系统，成立于 1991 年，现已对 20 多个国家的小学教育质量进行评估，为相关国家教育政策的制定和修改提供了重要建议和依据。

PASEC 根据计量经济学思想，对评估国家的二年级与五年级学生进行抽样测试和调查，然后建立增值模型对数据进行分析，以了解该国的基础教育发展状况和问题并提出教育政策建议。在 20 多年的发展过程中，该项目经过不断调整渐趋成熟和完善，但在所使用的测试试卷、实际调查时间、样本的代表性和调查问卷设计等方面还有很大的改进空间。

一、PASEC 评估项目的宗旨和方法

众所周知，质和量是教育发展不可分割的两个方面，各国在不断增加入学机会和提高学龄儿童入学率的同时，必须注重教育质量的提高。1990 年 3 月，在泰国召开的第一届“世界全民教育大会”上，两名法国学者首次提出了“建立 PASEC 评估项目”的观点，倡导“通过加强评估来提高教育质量”。CONFEMEN 部长会议很快通过该提案，并于 1993 年在吉布提实施了第一次评估。

与 PISA 等其他大型国际评估系统不同的是，PASEC 的主要任务不是对各国学生的学业水平进行国际比较，而是分析成

员国教育系统的发展状况，确定影响教育质量的关键因素，从而建立“廉价有效学校”的模型，为参与国教育政策的制定提供参考。

PASEC 评估系统使用的是定量分析方法，把学生的学业成绩与他们的物质条件、学校环境联系起来，通过建立回归模型来确定影响学生发展的主要因素。为此，PASEC 把语文（法语和/或者实际使用的其他教学语言）和数学这两门小学教育的基础课程作为测试科目，分别对二年级与五年级的学生进行测试。为了排除往年学习情况的干扰，每次评估都组织两次测试，分别在第一学期初和第二学期末，以了解学生在该学年的进步情况。同时，该系统对相关学校的学生、教师和校长展开问卷调查，以搜集学生背景以及社会、经济、文化和制度等方面的信息。

（一）评估工具

PASEC 项目所使用的评估工具包括测试试题和调查问卷。试题是在项目成立初期根据几个西非法语国家的教学大纲专门编制的，主要检测学生的阅读、书写和计算三大基本能力。每套试题包括 30 至 40 道题，总分为 100 分。按照规定，40 分为及格，代表学生掌握了该阶段的基础知识；分数少于或等于 25 分，表示学生几乎没有学到知识。

为了搜集学习条件方面的信息，PASEC 分别针对学生、教师、校长设计了三种调查问卷，主要涉及五个方面：学生的家庭生活水平、学生的饮食质量、教学组织情况、学校的硬件设施和当地的经济文化发展水平。为了判断各项指标的高低，问卷中列出了具有代表性的实物以供选择。

（二）调查取样

PASEC 采取两阶分层抽样或分层整群抽样的方法。首先根据学校的地理位置和办学性质（公办、私立或地方集体办学）的不同，把样本框分为若干层，然后根据各层学生人数占总体人数的比例，确定每层需要抽取的样本数。一般来说，每次评估抽取 100—180 所学校入样，每所学校抽取一个二年级班级和一个五年级班级，每班随机抽取 15 或 20 名学生作为调查和测试对象。

（三）数据分析

数据分析阶段是寻找答案的阶段，前面所有的工作都为这一阶段做准备。PASEC 采用经济计量学模型，把学生分数与家庭、学校和社会背景联系起来，以确定哪些是影响小学教育的主要因素及其影响力的大小。

该模型的建立是分步进行的。第一步，引入学年末的分数，作为需要解释的结果变量，把学年初的分数和所有与学生个人有关的因素作为解释变量，去除没有明显或持续影响的因素，从而建立一个包括分数和个人特征的模型。然后，按照同样的方法建立另外两个模型，一个是把老师和班级的因素作为解释变量，另一个把学校和校长的因素作为解释变量。

第二步，按照同样的方法，PASEC 把前面建立的所有模型归结到一个总模型中，即构成学生个人、班级和教师、学校和校长对学生成绩共同产生影响的回归模型：

$$yi=f(x1, x2, \cdots, xk)+\triangle i=\triangle 0+\triangle 1x1+\triangle 2x2+\cdots+\triangle kxk+\triangle i$$

其中，yi 为被解释变量，即学年末成绩；x1，x2，…，xn 为解释变量，即对学生成绩产生影响的因素，包括个人、班级和学校三方面；△0，△1，△2，…，△k 为待估计的参数，象征着各个因素对学生学习成绩产生影响的大小；△i 为随机偏差。

二、PASEC 评估项目的实施

自成立以来，PASEC 已经在 24 个国家实施了 31 项评估，另外 4 项正在进行中。我们以两个最新参评国家——刚果（金）和乍得——为例来了解其具体实施过程。

（一）刚果（金）

PASEC 在 2009/2010 年对刚果（金）的小学教育进行了诊断性评估，参见表 1。由于时间和经费的原因，此次评估并没有按照传统的做法组织 2 次测试，而只在 2010 年 6 月进行了一次。

评估组按照刚果（金）基础教育部提供的关于 2007/2008 学

年的学生数据建立样本框，并根据学校的性质（公办或私立）和地理位置（按照行政区分）的不同把样本框分成 10 层，然后按照每层学生人数所占的比例抽取一定量的学生入样。

表 1　　　　**刚果（金）抽样学校和学生数**

分层	该层的学校数量	该层的学生数量	该层所占比例	该层预计抽取的学校数量	该层实际抽取的学校数量	实际抽取学校数量占预计抽取学校数量的比例
公立：金沙萨、下刚果	2298	292073	11.56%	20	18	90%
私立：金沙萨、下刚果	1523	123922	4.90%	9	9	100%
班顿杜	4217	307693	12.18%	22	21	95.45%
赤道省	3101	263594	10.43%	19	16	84.21%
公立：西开赛、东开赛	3857	358827	14.20%	23	21	91.30%
私立：西开赛、东开赛	499	46768	1.85%	6	6	100%
公立：加丹加	2364	267215	10.57%	17	16	94.12%
私立：加丹加	361	49260	1.95%	6	3	50%
北基伍省，南基伍省，马尼埃马	4491	509946	20.18%	36	33	91.67%
东方省	2907	307591	12.17%	22	21	95.45%
总计	25618	2526889	100%	180	164	91.11%

由于多方原因，预计抽样的学校中有 16 所没有参加评估。测试和问卷调查是在刚果（金）PASEC 评估组的监督下进行的。根

据测试当天在校的学生数量，二年级每班随机抽取了11至15名学生，五年级每班随机抽取了8至15名。同时，所有评估学校的校长和评估班级的教师都参与了问卷调查。除有些问题，如“学校每年收取的学费金额”、“班上男生的数量”、“教师所享受的社会福利”、“教师所从事的兼职”等，少数调查对象没有回答外，其他问题的回答率一般都在95%以上。

在批改了试卷后，PASEC对成绩进行了分类统计，从中可以看出刚果（金）小学教育的发展现状，详见表2。

表2　**PASEC测试成绩分析：刚果（金）**

		在样本中所占比例	二年级学生综合平均分①	五年级学生综合平均分
性别	男生	55%	54.7	43.4
	女生	45%	53.0	41.4
学校所处地理位置	农村	62%	52.4	42.3
	城市	38%	56.4	42.9
学生家庭生活水平	高等	13%	57.3	42.9
	中等	22%	53.1	41.1
	低等	65%	53.5	42.9
学校类型	普通公立学校	20%	50.3	48.1
	宗教公立学校	64%	57.1	49.6
	私立学校	16%	59.6	53.8

二年级学生法语、数学平均成绩分别为55.3和55.0，五年级分别为39.2和45.2；

性别方面，二年级男生的数学、法语平均分为52.91和53.85，女生为50.81和52.41；五年级男生的数学、法语平均分为45.38和39.32，女生为43.53和36.97。不论按年级还是科目来分，男生的成绩都高于女生；

① 综合平均分为学生在测试中所取得的法语和数学成绩的平均分。

城乡差别方面，62%的学生来自农村，二年级学生中，城市学生的综合平均成绩比农村学生高将近4分，但五年级学生中，城市和农村学生的综合平均分没有明显区别；

从家庭生活水平来看，高收入家庭的学生成绩明显高于其他两组学生，但是中、低等生活水平的学生之间，成绩没有明显区别；

三类不同的学校中（普通公立学校、宗教公立学校和私立学校），普通公立学校的平均成绩最低，另外两类学校的平均成绩相差不大。

在搜集了数据后，评估组建立回归模型，开始分析学生成绩与各个因素的关联程度。PASEC 发现，与二年级学生学业水平进步高度关联的变量包括：学生年龄、学生有无留级历史、学生有无教科书、教科书在课堂上的使用、家庭生活中是否使用法语、教师和校长的在职培训、家长委员会、家庭学习辅导等。对于五年级学生来说，学生年龄、学生有无留级历史、课外劳动或工作时间（农活、经商、家务）、教师所参加的在职培训、课堂上教科书的使用、法语学习过程中只使用教学语言、建立家长委员会等因素，会对学业成绩产生重要影响。

在此基础上，PASEC 提出了以下行动建议，以提高刚果共和国的小学教育质量：

1. 为女教师提供培训和支持；
2. 为教师提供良好的工作条件，以帮助他们更好地发挥自己的才能；
3. 大力提高学生的教科书拥有率和课堂上教科书的使用率；
4. 推广适合学生水平的教学大纲；
5. 为校长提供培训机会；
6. 促进家长委员会的成立和发展。

（二）乍得

PASEC 分别在 2003/2004 和 2009/2010 学年对乍得进行了评估。这两次评估使用了基本一致的方法，其结果的差异显示出乍得小学教育的变化和发展。

关于2009/2010 年进行的这次评估，164 所学校的 1881 名二年级学生和 1704 名五年级学生参加了测试和问卷调查。由于乍得基础教育部要求对阿拉伯语学生进行单独评估，阿拉伯语和双语学校使用的试题和调查问卷都改成了阿拉伯语，而其他学校使用的资料为法语。

就教学语言为法语的学校而言，二年级学生的法语、数学平均分为 39.1 和 40.3。相对于 2003/2004 年测试的结果（41.5 和 42.9），乍得二年级学生的学业水平明显下降。其中，在农村集体学校中，超过 40%的学生没有及格，而城市学校中这个比例只有 10%；在城市里，集体学校（13%）中没有及格的学生比例明显低于公立学校（27%）。五年级学生的平均分为 38 和 38.1，相比于 2003/2004 年的测试结果（32.1 和 34），有大幅度提高，不及格学生的百分比有所下降。不论是法语还是数学，及格人数都明显上升。从性别来看，男女生之间的差距有拉大的趋势，尤其是在低年级阶段，男生的数学平均分比女生高 6 分，法语平均分比女生高 4 分。

评估组对阿拉伯语和双语学校作了单独统计，并将之与法语学校的情况进行对比，发现不论是二年级还是五年级，这些学校的阿拉伯语平均成绩明显高于 PASEC 设定的及格成绩 40 分。在数学方面，二年级阿拉伯语学生的平均分与法语学生没有明显区别，但五年级的法语学生比阿拉伯语学生高出 10 分。

PASEC 把两次考试的成绩与学生家庭社会背景、社会组织情况结合起来进行分析，得出了以下结论：

1. 在不考虑其他因素的情况下，二年级学生的法语成绩与班额大小呈负相关。总体来说，乍得小学的班级人数在 2004 年后明显下降。2010 年，二年级的平均班额为 55 人，五年级为 52 人，但城市地区公立学校和集体学校的低年级班额仍然过大，分别为 66 人和 70 人。乍得教育部应优先考虑在城市地区为低年级班级建设新教室。

2. 学校开学、放假时间（相关系数为-0.19）以及老师和学生的出勤率（相关系数为-0.13），对学生的学业成绩会产生重要影响。调查显示，3/10 的学生 10 月底才回学校上课，多所农业区的学校在 5 月底已经放假，老师和学生平均每月缺勤 2 天。这导致教学大纲规定的每学年 900 课时没有得到严格遵守，乍得教育部应对此加强监督和管理。

3. 留级与学业成绩的相关系数为-0.10。留级并没有解决学习上的困难，反而影响学生的自尊、学习动力以及教师对学生的评价，在资源本来就紧张的情况下，更是造成了浪费。乍得是世界上留级率最高的国家之一。二年级的学生中，48.6%已经留级过至少一次，五年级达到了66.4%。乍得政府可以考虑实施新的政策，即取消留级制度、小学阶段自动升级以及为困难学生提供个性化的帮助和辅导。

4. PASEC两次评估都显示，多年级同班就读与学生的学业成绩并不呈负相关关系。因此，在一些农村学校，如果某些班级的人数过多或过少，可以把不同年级的学生安排在同一个班级，但这必须在教学督导的指导下进行并且为任课教师提供专业培训。

5. 教科书是影响小学基础科目学习的非常重要的因素（相关系数为0.23）。让学生拥有教科书、在课堂上使用教科书并把教科书带回家，是提高学习效率的有效手段，尤其是当教学语言不是学生母语的时候。尽管乍得政府近年来做了很大努力，五年级学生中，60%没有法语书，70%没有数学书；二年级学生的情况更严重，平均只有20%的学生有教科书。为此，乍得教育部应采取有效措施，加强教科书的出版和分配。

6. 同等情况下，只有初中及以下学历、非师范教育出身的教师所教学生的平均成绩与其他教师所教学生的平均成绩没有明显差异。在教师资源紧缺、学龄人口快速增长的背景下，乍得政府可以通过降低教师学历要求来发展小学教育体系。

7. 教师在职培训对学生的学业水平产生明显的正面影响（相关系数为0.21）。“教学日”可以帮助教师解决工作中所遇到的困难，乍得教育部应定期组织这类活动，并要求全体教师积极参加。

三、PASEC评估项目所存在的问题

PASEC项目在20多年的实施过程中不断成熟和完善，其评估结果被当做相关国家教育发展的全面诊断报告而予以高度重视。它在国际上的影响也越来越大，已成为世界上主要的国际评估项目之一。但纵观其评估工具和实施过程，我们可以发现以下几个问题：

（一）测试试卷缺乏足够的科学性

PASEC 使用的试题是 20 世纪 90 年代初根据喀麦隆、科特迪瓦和塞内加尔的教学大纲编制的。除了在某些教学语言不是法语的国家，试题会被转化为当地的语言外，其他国家一般都直接使用统一的法语、数学试卷对学生进行测试。但是，国与国之间的教学大纲存在较大差异，而且在这二十多年中，各国的教学大纲都发生了变化，这就导致原先制定的试题不适用于所有的参评国家。如几内亚比绍的小学数学教学大纲中，没有关于符号“<”和“>”的内容；“应用题”和“集合与关系”的内容不同时出现在各国的数学教学大纲中，有些国家有“应用题”但不包含“集合与关系”，有些国家的情况则相反。

在所有参与评估的国家中，法语的使用情况也不一致。在各个国家统一使用法语编写的试卷，会导致学生对题目的理解差异和答题效果，从而使成绩不能反映学生实际的水平。法语在西非国家，如加蓬、塞内加尔、喀麦隆、刚果（布）、尼日尔、马里等，使用比较广泛，特别是在加蓬，法语是最主要的交流语言，被应用于社会生活的各个领域。对于 PASEC 调查问卷中“在家是否说法语”这一问题，94.3%的五年级学生都回答了“是”，其法语测试成绩也是所有参评国家中最高的，达到了 61.4 分（满分为 100 分），超过及格分数 20 分。五年级法语测试成绩最低的是科摩罗，只有 33.6 分。科摩罗的主要语言是科摩罗语（斯瓦希里语的一种方言），参加评估的学生中，仅 7%表示“在家说法语”；其国家电台主要使用科语播音，每天只用法语播送三次新闻。

（二）调查时间与项目设计存在差距

为了排除往年学习情况的影响，PASEC 把评估对象限定为一个学年，即学生在一学年的进步情况。为此，项目规定每次评估都组织两次测试，第一次在学生入学后一个月，第二次在学年结束前的一个月。一般来说，非洲国家的学校每学年于 10 月开学，次年 6 月结束。因此，从理论上来说，应在 11 月组织第一次测试，次年 5 月组织第二次。

但在实际生活中，由于学校开学迟、社会运动以及期末考试等原因，PASEC 在大部分国家都未能如期举行两次测试。例如，2009 年在乍得进行评估时，由于准备不足，第一次测试的时间推迟到了 2010 年 1 月中旬（14 日至 18 日）；科摩罗在 2009 年也接受了 PASEC 评估，它的第一次测试时间是 11 月；而 2009/2010 年在刚果（金）进行的这次评估，由于经费原因，没能举行第一次测试，只在次年 6 月份组织了学年末测试。

（三）实际调查样本不具有足够的代表性

项目设计规定，按照国家大小和学校数量，每次评估抽取 100 至 180 所学校作为调查样本，每所学校调查 15 名二年级与五年级学生。然而，实际评估过程中，这个标准经常没有被遵守。如 2009 年在乍得进行评估时，计划调查 180 所学校的二年级与五年级学生，每年级 2700 人。但是，因为有些学校地理位置偏远或者评估期间放假，入样学校中有 19 所没有参加评估。其中，大部分没有参加评估的学校都是阿拉伯语或双语学校，这就导致最终的调查样本存在偏差，不能较好地显示整个国家的情况。另外，学生的高辍学率也会造成实际评估中样本出现高流失率。在科摩罗的这次评估中，将近 23%已经参加过第一次测试的学生没有参加年末的测试和问卷调查。

（四）调查问卷的设计存在不足

在调查问卷中，为了判断学生家庭生活水平为“富裕”、“中等”或“贫穷”，PASEC 列出了 18 中常见的“实物”，包括电、水龙头、电视机、冰箱、沙发椅、电炉、煤气炉、抽水马桶、录音机、汽车、小型摩托车、收音机、大车、犁、油灯、炭炉、锅、床和自行车。这并不是一种理想的衡量方式，因为这些物品不具备足够的代表性。例如，“自来水”只能说明调查对象生活在城市地区，而“水井”、“水池”是农村生活中的常见物。

同样，对于“学生饮食质量”这一变量，问卷中给出的可选项包括牛奶、鸡肉、鱼肉、蔬菜、蛋类等。但是，由于宗教、文化和地理气候等原因，各国之间甚至同一个国家的不同地区之间，饮食习惯存在很大差异，例如，沿海国家吃鱼类和海鲜较多，但是很多内陆非洲国家的人甚至从没吃过虾；同样是玉米，刚果（布）

和塞内加尔吃的并不一样多。因此，用同一个标准来判断学生的饮食质量，会使调查结果与事实本身存在误差。

四、结语

总的来看，PASEC 有助于了解被评估国家的基础教育发展状况和问题，为相关国家教育政策的制定和参考提供了重要建议和参考。同时也还存在着不少问题，譬如，使用的测试试卷缺乏足够的科学性、调查时间与项目设计存在差距、实际调查样本不具有足够的代表性、调查问卷的设计存在不足等。展望未来，PASEC 还有很大的改进空间。

参考文献

[1] Présentation du PASEC：méthodologie et résultats，http：//wbi.worldbank.org/wbi/Data/wbi/wbicms/files/drupal-acquia/wbi/Simon_ Presentation%20PASEC-%20Tunis%20BAD%20WBI%204NOV.pdf.

[2] Documents techniques，PASEC，http：//www.confemen.org/le-pasec/rapports-et-documents-pasec/les-documents-techniques/.

[3] Améliorer la qualité de l'éducation au Tchad：quels sont les facteurs de réussite，Evaluation diagnostique PASEC-CONFEMEN，Ministère de l'Enseignement Primaire et de l'Education Civique，2012（4），14.

[4] L'enseignement primaire en République démocratique du Congo：quels leviers pour l'amélioration du rendement du système éducatif，PASEC/CONFEMEN，DAKAR，2010.

[5] Rapport PASEC Union des Comores 2010：diagnostic et préconisations pour une scolarisation universelle dequalité，Ministère de l'éducation nationale et de la recherche de l'Union des Comores，2010（9）.

[6] Enseignement primaire：quels défis pour une éducation de qualité en 2015，Evaluation diagnostique Burundi（2008-2009），2010（9）.

[7] L' Enseignement primaire: la qualité au coeur des défis, Evaluation diagnositique PASEC Maurice, 2008 (9).

[8] Evaluation diagnostique de l'école primaire: pistes d'actions pour une amélioration de la qualité, Rapport PASEC Côte d'Ivoire 2012, 2012 (9).

[9] 任春荣，辛涛．学校在教育结果公平进程中的作用[J]．基础教育，2011 (4).

[10] 秦玉友．国际大型成绩测验组织（项目）研究[J]．外国教育研究，2010 (5).

[11] 詹斯·诺曼，彼得·沃尔夫．非洲基础教育系统：对塞内加尔 PASEC 数据的评估与再分析 [EB/OL]. http://www.cqvip.com.

对外军事培训跨文化传播方法与路径研究

——以军队某院校非洲法语国家军事留学生为例

刘　婵

武汉大学外国语言文学学院

本文结合对外军事培训工作实际，研究分析了非洲法语国家军事留学生调查访谈结果，尝试从心理学、传播学和人种学等方面探索对法语国家军事培训中中国文化传播的方法与路径，以期培育非洲法语国家军事留学生“爱华、亲华、友华”情结，切实提升对外军事培训质量效益。

一、对外军事培训跨文化传播问题的提出

（一）对外军事培训情况概述

1. 对外军事培训外军留学生的总体情况

一个国家军事文化对外的影响力，不仅取决于该文化内涵有无魅力、文化资源是否丰厚，还取决于该文化有无强大的传播能力。近年来，随着我国经济的发展、综合国力的提升以及对外交往程度的进一步深化，来华参加军事培训的非洲国家军事留学生越来越多。2012 年，为加大对外军事人员的培训力度、提高对外军事培训的质量效益，我军重新修订了《中国人民解放军院校和培训机构培训外国军人课程（专业）目录》，对培训的学制、专业、名额、内容都进行了较大幅度的调整，为中国文化的进一步传播搭建了更大、更广阔的平台。通过军事上的交流与合作，中国文化得到

了潜移默化的传播和推广，塑造和展示了我军良好形象，提升了军队软实力和对外影响力。

2. 非洲法语国家军事留学生的基本情况

受各国国情、外事政策、培训任务和目标等因素的影响，接受对外军事培训的生源中有大部分来自非洲法语国家，培训时间基本固定在半年或一年两种类型。据不完全统计，这部分留学生主要来自北非、西非或中非的乍得、尼日尔、几内亚、加蓬、贝宁、多哥、科特迪瓦、布隆迪、中非等国家。

（二）研究外训跨文化传播方法与路径的理论与实践

跨文化心理学认为，跨文化适应是跨文化传播的重要基础。"文化适应"是一种常见的跨文化传播现象，指"由个体所组成，且具有不同文化的两个群体之间，发生持续的、直接的文化接触，导致一方或双方原有文化模式发生变化的现象"①。如果说"文化濡化"是第一文化获得的过程，那么"文化适应"则是与他文化的融合过程，是文化相互影响、相互改变的过程。跨文化适应，是不同文化相互作用过程中的一种动态调整过程，涉及学习某种文化的整体行为，能够帮助个体乃至文化群体从特定文化中获取能力及重新定位，从而在变动的环境中获得生存能力和空间。文化适应存在于两个或两个以上具有不同文化的群体及成员之间，通过直接的、持续的相互接触中所产生的文化和心理双方面变化的过程②。

1. 理论支撑。目前国内地方科研院所基于跨文化适应的来华留学生跨文化问题研究已经有了一定理论与实践基础，而由于对外军事培训（简称"外训"）工作的特殊性，关于来华对外军事培训的法语国家军事留学生跨文化问题研究尚处于起步阶段，多数研究仍然是对理论概念的介绍或是对出现问题和影响因素的机械式罗

① Redlfield，R，R Linton，and M. J. Herskovits. Memorandum on the study of acculturation，American Anthropologist，1936，38（1）：149-152. 在汉译人类学著作中，该概念一般被翻译为"文化涵化"，与"文化濡化"相对，但在跨文化传播领域通常被译为"文化适应"。

② 谢苑苑．来华留学生跨文化适应策略与影响因素的相关研究［J］．喀什师范学院学报，2010（5）：93-96.

列，缺乏深度的分析和探讨，存在许多主观臆断的内容，需要依托跨文化相关理论提供理论支撑。

2. 实践支撑。以笔者工作的驻武汉军队某院校为例，该校自2007年承担外训任务以来，坚持遵循国家军事外交战略，举全院之力合力办学，因留学生之材而科学施教，逐步形成了特色鲜明、务实高效的对外培训体系，使教学更加贴近不同国家军队特点、贴近岗位任职要求，培养质量不断提高。该校先后承担8期外训任务，培育外籍合格军需官数百名。在学成归国的外籍学员中，数十人得到晋升或在本国后勤首脑机关或重要岗位上任职。依此形成的外训跨文化教学实践为本文提供了实践支撑。

（三）跨文化传播存在的障碍

笔者结合担任部队某院校外训系法语翻译工作实际，深切地体会到，这些军事留学生在华生活学习普遍存在跨文化适应性问题，给承训单位的教育管理带来了一定挑战。主要表现在以下方面：

1. 外部障碍因素

一是文化距离。文化距离是指地理和空间的遥远，文化共同点较少所产生的距离感和陌生感。通常情况下，两种以上文化之间距离越遥远，文化差异越大，给文化适应者带来的压力和困难就越大。从统计数据来看，来该校承训的外国军事留学生主要来自亚非拉第三世界国家和地区，尤其是法语学员来自遥远的非洲，其历史发展沉淀形成的文化与中国传统间的文化距离普遍较大。

二是社会支持。社会支持是一定范围的个人相对稳定的社会关系，它是影响跨文化者适应的一个重要社会环境因素。社会支持有很多来源，包括家庭成员、朋友和熟人。对旅居国外的人来说，除了家庭之外，他们的社会支持资源可以划分为同胞和当地人。那些有相同跨文化适应经历的人，可以提供给初次跨文化者许多正面支持。根据调查问卷，笔者发现，由于文化距离的存在，外训学员在华遇到个人问题时，通常首先找同胞等进行沟通，而不是找外训管理者。

三是价值观念。留学生在本国或民族“母文化”的长期熏陶下，已经形成了较为稳定的价值观，一件事情在他们看来是正确还是错误，很大程度上都受到其生活中占主导地位的价值观念的影响。来到一个陌生文化环境中，他们常用自己的“母文化”作为标准，去判断他人个人行为或他国集体行为是否正确或合适。

2. 内部障碍因素

一是期望值。留学生在出国留学之前会在脑海中对异国他乡产生预想，这种预想包括将在东道国的生活状况，会形成对目标文化的心理预期等。而当他真正踏上中国文化土壤，在实际体验了中国文化的生活经历后，就会将实际经历与之前的预期进行对比。一般认为，人们在实际体验中如达到预期则有助于他们的跨文化适应，反之则产生阻碍作用。

二是跨文化经历。大量研究发现，有过外国生活经历的留学生在新的跨文化体验中会更好地适应，以往的跨文化经历可以使其掌握总结一定的跨文化技能。因此，有研究者提出，适当的知识有助于跨文化者对目标文化人们的行为等因素有更充分的心理准备，对东道国的人文知识掌握得越多，将越有助于促进跨文化适应。

三是“民族中心主义”。“民族中心主义”主要是指一个人断定本族文化优于其他文化的程度，也就是说把一个人所在的文化群体置于中心位置，并用该文化群体的标准判定其他文化。对于跨文化交际而言，高度的“民族中心主义”会导致交际障碍的产生。具体来说，非洲法语国家军事留学生多来自前法国殖民地国家，其语言、文化、思维方式等深受法国文化与体制影响，往往容易用法国文化框架作为参照，解读陌生人行为，容易产生误读在华生活中部分行为信息的情况，进而引发交际障碍。

二、外训跨文化传播的调查与分析

笔者对在该校学习的非洲法语国家军事留学生进行了一系列的问卷调查、实地访谈研究，即先采用定量研究的方法对其进行问卷调查，然后采取定性研究的方法对部分被调查者进行进一步的访谈，以便搜集分析被调查者在心理、社会生活、学习等方面的适应情况。

（一）调查问卷设计

从心理适应、学习适应两个维度对在该校非洲法语国家军事留学生的跨文化适应情况进行调查，具体使用了心理适应量表、学术适应量表来进行研究。问卷内容包括三大部分：第一部分内容是受调查者的基本信息和留学动机，包括性别、年龄、国籍、留学时间、留学动机等。第二部分内容是受调查者的心理适应状况，参考国际学术界通用的自评抑郁量表，由 5 个指标组成。第三部分内容是受调查者的学习适应情况，量表由 5 个指标组成。调查选择了两期该校非洲法语国家军事留学生作为调查对象。调查共发放问卷 95 份，回收 93 份，其中有效问卷 90 份。

（二）调查问卷分析

一是心理适应分析。参考国际学术界通用的自评抑郁量表，拟制 5 个指标，每个指标的单分累计得出 5 个指标的总分，总分越高即心理适应指数越高，说明心理适应问题越大。其中 3 个指标反映的是正面感受，2 个指标是负面感受。每个指标按感觉出现的时间频度来度量，分别为“从不”“偶尔”“一般”“经常”和“很频繁”。正面感受出现的时间频度及得分如下：从不（5 分）、偶尔（4 分）、一般（3 分）、经常（2 分）、很频繁（1 分）。负面感受出现的时间频度及得分如下：从不（1 分）、偶尔（2 分）、一般（3 分）、经常（4 分）、很频繁（5 分）。通过均值反映被调查留学生心理适应的情况，5 项指标的均值见表 1 所示。

表 1　　**被调查留学生的心理适应情况**

序　号	指　标	均　值
1	我感到情绪沮丧、郁闷	2. 33
2	我在日常生活中容易紧张、焦虑	2. 21
3	我感到很孤独	2. 15
4	我比较容易接受新事物	3. 46
5	我能有效地完成学习任务	3. 25

衡量心理适应问题的标准是：心理适应指数<0. 40 为无心理适应问题，0. 40<指数<0. 49 为轻度心理适应问题，0. 50<指数<0. 59 为中度心理适应问题，指数>0. 60 为重度心理适应问题。计算出

90 名留学生的总体均值为 2. 67，心理适应指数为 0. 46，从中得出的结论：被调查的留学生总体存在轻微的心理适应问题。

二是学习适应分析。参考业内人士编制的留学生学习适应量表，从中选取 5 个指标，涉及留学生适应规章制度、学习内容、学习方法、学习评价等方面的问题。每个指标按感觉难易程度来度量，分别为：不难（1 分）、有点难（2 分）、一般（3 分）、很难（4 分）、最难（5 分）。总分越高，学习适应难度越大。5 项指标的均值见表 2 所示。

表 2　　被调查留学生的学习适应情况

序　号	指　标	均　值
1	遵守学校内的各项规章制度	1. 82
2	理解课堂内容	2. 13
3	适应中国教员的教学方法	2. 02
4	适应中国教员的评分方式	2. 13
5	应对学习压力	2. 80

学习适应难度 = 总分/满分。衡量学习适应难度的标准是：指数<0. 20 为不难，0. 20<指数<0. 40 为有点难，0. 40<指数<0. 60 为一般难度，0. 60<指数<0. 80 为很难，指数>0. 80 为最难。

利用这 5 个指标的衡量标准，可分析出被调查的该校非洲法语国家军事留学生学习适应的现状。计算表明，90 名留学生的总体均值为 2. 18，学生适应难度为 0. 38，对应的结果是有点难。可见留学生的学习适应情况比较好，但应对学习压力的难度最大。

三是心理适应与学习适应的差异表现。针对被调查留学生的个体差异，按照被调查者的性别、年龄（小于 25 岁与大于 25 岁）、留学时间（半年与一年）、留学动机（学习军事知识、听从父母或朋友建议、学习期间在中国旅游）4 个方面考察，运用 EXCEL 和 SPSS18. 0 软件，可统计和分析出该校非洲法语国家军事留学生心理适应与学习适应的状况差异：在被调查的留学生中，男留学生比女留学生的跨文化心理适应与学习适应情况更好；大于 25 岁年龄组的心理适应与学习适应情况更好；留学动机选择“学习军事知识”的留学生心理适应状况最好。

三、外训跨文化传播的方法与路径

（一）心理学路径

20世纪初，心理学者开始关注土著和移民少数裔的心理、精神健康和犯罪状况。他们认为，这一群体无知愚昧、卫生健康状况差，通过心理进化和现代化进程可以缓解他们的病症，使其同化到主流社会中来。但在心理学的实际研究和测量中，学者们发现同化并不是文化适应的唯一结果，而是有同化、融合、抗拒三种后果。格拉夫斯（1967）首先提出“心理上的文化适应”这一概念，他认为文化适应并不总是单方向的同化，这一过程会产生反作用力导致交往双方行为的变化①。贝利（1980）根据种族文化群体在两个维度上的取向——保持传统文化和身份的倾向性和与其他文化群体交往的倾向性，区分出四种不同的文化适应策略：整合、同化、分离和边缘化②。在贝利研究的基础上，布尔里等（1997）提出交互式文化适应模式，他们认为文化适应是国家政策影响下，双方文化适应取向共同作用的结果。东道国主流群体与少数裔的文化适应策略并不总是一致的，当他们抱有相同的文化适应取向时，相互关系最为和谐③。近年来，纳瓦斯等（2005）提出“相对文化适应扩展模型”，他们认为在不同的社会文化领域，存在不同的态度与策略，应区分文化的“硬核”（如价值观、社会家庭规范、荣誉

① Graves, T. Psychological Acculturation in a Tri-ethnic Commu-nity. South-Western Journal of Anthropology, 1967, 23 (4): 337-350.

② Berry. J. W. 1980. Acculturation as Varieties as Adaptation. Acculturation: theory, models and findings. Boulder: Westview.

③ Bourhis, R., L. Moise. S. Perreault & S. Senecal. Towards an Inter-active Acculturation Model. International Journal of Psychology, 1997, 32 (6): 369-386.

观等）和“外围”（如工作或消费理念等），文化适应是切合实际的一种选择，个体可能在一些领域采取分离的策略，而在另一些领域采取同化等不同的适应策略①。

心理学家们逐渐构建了该领域文化适应研究的框架，确立了研究的对象、维度和影响因素。山姆和贝利（2006）合著的《剑桥文化适应心理学手册》的出版标志着文化适应心理学学术和专业方向的确立。他们将文化适应研究的对象分为两类：一类是定居者，另一类是移居者。在实际研究中，他们更关注后者“移居者”，包括跨国商务和技术、军事、外交人员以及留学生、旅游者等，自然也包括来华受训的军事留学生群体。文化适应心理学研究的基本框架包括了群体变量（出身社会的影响，群体适应经历和客居社会的影响）和个体变量（适应前的影响因素，适应过程中的影响因素）（见图1）。所有这些因素影响了个体的认知和对问题的评估，进而影响了他们心理上的文化适应以及他们长期的适应状况。

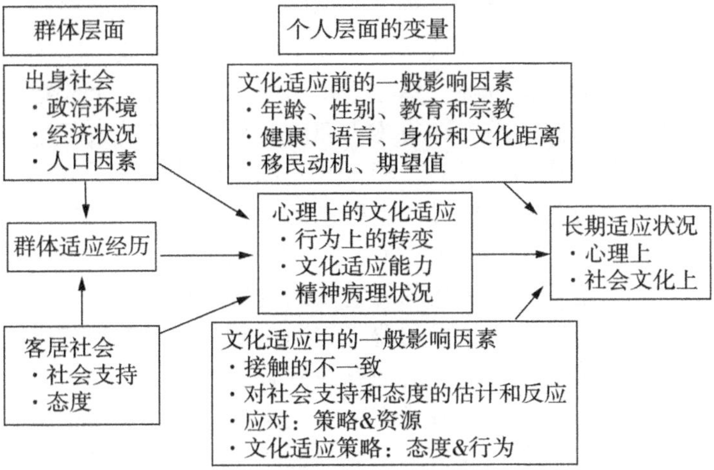

图1　心理学层面文化适应研究的框架

① Navas. M. etal. Relative Acculturation Extended New Contribution with Regard to the Study of Acculturation. Internalional Journal of Intercultural Relations 2005，29（1）：21-37.

一直以来，针对对外军事培训领域的文化适应，我们推崇科学主义的、实证主义的研究方法。但是，影响跨文化传播过程中文化适应过程的变量很多，存在复杂的交互作用，任何交互作用或变量都可能影响和制约最后的结果，这使得量化研究的验证过程变得非常复杂。而且心理学领域的文化适应研究一直被测量问题困扰，大量新的量表层出不穷，设计方案不一。另外，文化适应量表必须考察文化，但是文化如何被科学定量测量，是否存在普遍适用的社会文化适应量表都是有待深化研究的问题。从某种程度上看，文化适应心理学运用的量化比较的方法仍然受到一些学者的质疑，他们认为不存在普遍的文化适应过程，文化适应状况在政治、经济、文化的他者化作用下非常脆弱，所以他们在方法论和认识论上提出了尖锐的批评。

（二）传播学路径

心理学者们试图发现并诊断出个体在承受跨文化传播的适应过程中承受的压力并找出这些心理变化的前因和后果，然而文化适应问题仅仅停留在个体层面是难以解决的。于是，传播学者们从另一个角度开出了药方，试图从传播互动关系中找到对策。因为跨文化传播是二次的社会化过程，是社会生活的基本形式。个体在这一过程中的认知、情感、态度和行为方面的变化与他们的人际社会交往息息相关，而传播是人际关系赖以成立和发展的机制。从这个角度来看，文化适应就是个体进入不熟悉的异文化环境，跟当地社会的个人、群体或者组织互动的过程，是他们的身份和认同重新调整、定位的过程，也是他们传播网络重新建构的过程。于是，传播者们开辟另一条研究跨文化传播的路径，通过研究移居者和东道国文化之间的交流和传播为文化适应问题找到解决方案。

跨文化传播学的奠基者是文化人类学博士爱德华·霍尔，其贡献在于将文化的概念从人类学宏观分析的角度转移到对文化表征的微观分析和比较上，并将文化的概念延伸到传播领域，促使跨文化传播学与人类学分家并转向量化为主的研究方法。霍尔认为，文化是由文化元素、集合与模式构成的层级系统，可以成为被分析的变量并通过培训、学习掌握来促进跨文化交流。

古迪昆斯特和金洋咏（WilliamB. Gudykunst & YoungYunKim）

沿袭了霍尔的"文化学习"理路，其试图通过有效的传播来学习新文化以应对文化适应压力所带来的"文化休克"① 问题。通过复活和拓展了社会学家西美尔的"陌生人"② 概念，把跨文化传播看作是与"陌生人"交际的过程，侧重考查跨国移居者，在新的环境中旅居者和移民与他者进行交流及学会去适应，其融合程度依赖于与东道国文化社会的互动，个人文化适应的状况取决于与东道国社会成员交流的数量和特性。

古迪昆斯特进而试图找出个体、群体和社会文化层面的不同因素和焦虑、不确定性管理之间的关系。他认为有八个变量影响了焦虑与不确定管理：自我概念、与东道主互动的动机、对东道主的回应、对东道主的社会分类、情境过程、与东道主的联系、伦理上的互动以及东道国文化条件③。它涵盖了个体、人际、群体和社会文化层面的不同因素，这些变量对不确定性和焦虑直接产生影响，而认知上的不确定性和情感上的焦虑，则作为基本原因和核心变量，对跨文化传播的效果产生直接影响。

金洋咏（2001）提出跨文化适应与传播整合理论，她认为人类有内在的适应能力，个人对社会环境的适应是通过传播实现。适应包括文化学习和文化卸化两种形式，而人际传播和大众传媒消费是文化学习过程中最显著的形式④。它为个体提供了能认识他们所处的新环境的基本方法。她认为在新的文化环境里与当地居民的人际交流能够促进文化适应，另外对东道国大众媒体使用的增加能够增强文化适应。人的跨文化经历是一个螺旋式"紧张—适应—成

---

① 文化休克是指一个人处于一种社会性隔离，而产生焦虑、抑郁的心理状态，而不是指临床上那种由于疾病引起的丧失意识的病理性休克。

② 陌生人是指进入一个相对未知和不熟悉环境的人，他来自不同的群体，为系统内的人所不了解。

③ Gudykunst, W. B. An anxiety/uncertainly management (AUM) theory of 'strangers' intercultural adjustment. Theorizing about Intercultural Co-mmunication, ed. by W. B. Gudykunst. Thousand Oaks: Sage Publications, 2005.

④ Kim, Y. Y. Becoming Intercultural: An Inlegrative Theory of Communication and Cross-cultural Adaptation. Thousand Oaks: Sage Publications, 2001. 金洋咏在书中把"acculturation"一词的内涵缩小了很多，指的是对第二文化的学习。

长”的动态过程。这一过程中，个体心理层面的变化反映在认知、情感和行为三方面，金洋咏称之为跨文化适应中的“个人传播”或“人内传播”。而社会传播包括有两种方式：人际传播和大众传播。人际传播的核心被她构想为“与东道国的交往能力”，随着与东道国的交往能力的提高，个体能更准确、有效地参与到东道国的文化之中，与东道国的交往能力反映了个体的适应状况，缺乏这种能力就会导致各种传播失误和交际失败。

因此，对外军事培训活动跨文化传播中，军事留学生的文化适应既不是自变量也不是因变量，而是一个整体。在金洋咏的体系中，影响文化适应的核心因素是与东道国的交往能力，它受到与东道国的传播活动、与本群族的传播活动、东道国的大环境以及个人性情特质的影响（如图 2 所示）。法语国家军事留学生来华以后，通过个人传播和社会传播，随着交流的逐渐适应和深入，容忍度和开明程度得到锻炼，最后形成多元融合的文化理念，最终实现跨文化的转变。新的跨文化人整合了不同的文化视角，在——自我/他者，个体化和普遍化——的相互作用中形成，他们超越了种族中心主义，是人类发展的一种可行的模式。

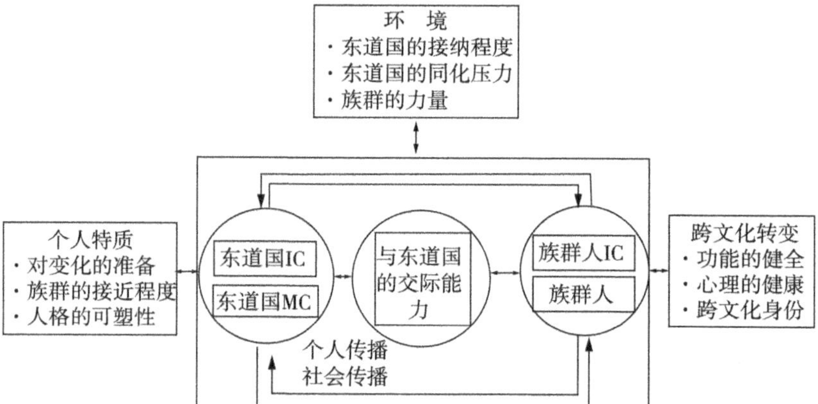

注：IC = Interpersonal communication（人际交往）；
MC = Masscommunication（大众交往）

图 2　金洋咏的跨文化适应结构模型

在外训教学跨文化传播体系中，影响法语国家军事留学生文化适应的因素在六个不同维度（环境、个人特质、与东道国的交流、与本群族交流、与东道国的交际能力、跨文化转变）展开，每个维度的因素都直接或间接地促进或阻碍跨文化适应进程，在影响其他维度的同时又受其他层面的因素的影响。各个层面以及相关因素之间的互动关系构成了跨文化适应理论的结构模型。

（三）人类学路径

跨文化传播学领域的文化适应研究者（包括心理学者和传播学者）主要采用了量化分析的方法考察个人、群体和社会文化因素对文化适应产生的影响。而人类学者则让自己成为“陌生人”融入到其他文化的内部，在参与式观察中获得文化交流的特殊体验，在日常生活中理解文化的感知与冲突：把通过深度描写所获得的对文化结构与历史的理解同人的态度、兴趣、气质、移情作用等心理因素结合起来，形成对文化与传播行为的关系的整体理解。人类学典型的研究方法是田野调查和民族志访谈，通过细致的参与性观察、访谈、日常交往和互动抓住文化的实在，细腻呈现文化以及社会语境下的文化适应现象。虽然看起来跨文化传播学研究和人类学渐行渐远，但它们之间的学术渊源（特别是文化适应的理论渊源）不容忽视。

文化适应的经典定义源于人类学家雷德菲尔德等人。最早进行文化适应研究的人类学者，关注到文化变迁中文化适应的重要作用。在这里，文化变迁包括创新、传播、文化遗失和文化适应。人类学家感兴趣的问题是：相互接触的两个或多个群体发生了怎样的变化？在社会和生态上产生了怎样的结果？他们想要考察文化交往过程对群体的文化价值观产生的变化和由此所引起社会文化变迁以及社会结构、政治经济制度、亲属制度、宗教制度等方面的变化。

最初的人类学家努力为殖民管理者提供对原住民文化更好地理解，把所谓的未开化民族作为对象进行研究，它基本限于一种进化图式和特定媒介的传播史。后来人类学家又试图帮助原住民留存自己的文化抵抗外来的威胁。哈维兰（2006）看到，在人类历史中使用武力或威胁使用武力是文化适应中的一个因素。大范围的传播是由于政治上具有优势的群体的竞争、实用主义动机，有时是出于胁迫所造成的。在绝大部分情形中，文化净流的方向总是由强者流向弱者，通常这些种族群体被主流文化改造并同化。但同时他们也发现文化适应有三个可能的后果：一是接受，即同化到另一个群体中；二是适应，即融合了两种文化；三是反作用，即抵抗运动。

就研究对象而言，人类学者传统上更关注定居者（种族群体、土著居民）。一直以来，人类学研究文化适应的旨趣更多的在于考察现代化和西方文化对原住民、少数裔种族群体、农民社会、非西方民族的影响，关注边缘的、生存受到威胁的文化群体，以记录和保护文化多样性为使命。西方主流社会本身很长时间以来并没有列入民族志考察的对象之中。在当今全球化的语境中，跨国移民越来越多地进入了人类学家的研究视野，并把他们纳入了20世纪60年代晚期兴起的族群性研究和身份政治学研究的一部分。

人类学者针对族群和族群性研究做了大量的高质量的深入而细致的考察，并把它植入社会政治、经济、文化的具体语境之中。族群的文化适应状况反映了他们社会政治、经济发展的需要。“我们”感（we-feeling）的强烈程度与种族群体会给它的成员提供什么相关族群或族裔身份是用来发动群体成员关注自己社会经济地位相关议题的重要手段之一。种族内聚力和我们感实际上是通过社会和政治过程被创造出来的，特别是在为稀缺资源而展开的竞争中。

人类学家看到了少数族群和多数族群间权力的不平等和不对称关系。多数民族与少数民族的关系的大多数情况都展示了一种对种族隔离、同化和整合的结合作用。在个体水平上，同化很可能发生，即使主要的趋势可能是种族隔离或整合。他们之间的关系很难回避一种对权力和权力差异的分析，于是少数族群可以视为客观存在但在政治上没有统治权的种族群体。多数民族不仅拥有政治权力而且通常控制了重要的经济部分，更重要的是，它通常决定了社会生活中的话语方式，界定了与生活、职业相关的文化框架。

人类学者的文化适应研究有着自己的道德关怀，他们惯于做边缘化的社会考察并利用这种边缘性向权力中心发出诘问。在他们看来，跨文化传播学的兴起是“冷战”所带来的“国家文化”研究的结果，并与当代政治权威产生共鸣。社会学家汉内兹甚至把跨文化传播学诙谐地称为“预防文化休克的产业”。跨文化传播研究者编写内容丰富的文化手册，因为他们需要拓展市场，为从事跨国贸易、市场开发以及教育工作的客户提供培训和建议。这种以实用性为导向的研究意味着，我们了解另一种文化的目的，是为了与该文化群体做贸易或在政治和意识形态上更好地施以控制。尽管跨文化传播学者制定的文化手册可以为文化适应者提供一些有用的信息，但一旦跨国集团代表的是新的权力精英，这些书无疑就成为了他们新的控制手段的标志。

四、外训跨文化传播的对策与建议

（一）推进教学改革，突出受训者跨文化习得能力

课堂是跨文化适应能力培养的主要途径。增强法语国家军事留学生跨文化适应能力，要从改革外训课堂教学模式抓起，科学制订人才培养方案。面对来自不同国家和地区的留学生，首先在内容上要体现地区差别，“一刀切”的模式显然是不科学的，如非洲法语国家军事留学生因年龄、学历、职业以及本国文化差异对知识的接受能力有所区别。针对不同生源的情况，应深入了解他们的心理特征，制订差异化、个性化的人才培养方案，增加跨文化能力课程。在跨文化能力课程教学中，要突出教学内容的实用性，根据他们的兴趣与要求，增加实践课与文化课，加强实践训练，帮助留学生了解中国文化，增长见识。要创新课堂教学方法，倡导学为主体、教为主导的更为灵活的多种教学方法手段，让留学生深度参与训练组织实施过程，并通过实验操作、装备实训、专业演练等实践性教学，增强教学的直观性和生动性，增进学员的学习兴趣和切身感受，使他们不断地调整自己的心态，逐渐适应文化差异，全身心地融入新的学习环境中。

（二）提高管理素质，增强管理者跨文化管理能力

军队院校的管理是依据我军的性质、培养的目标和军人的实际情况等建立的一套体系完整的规章制度来实行的。而法语国家军事留学生长期生活在本国军队特有的管理环境之中，陌生的文化环境变化必然会使他们不适应。如何在工作中应对留学生可能产生的跨文化适应的问题，这是摆在军队院校留学生管理者面前的一道难题。在笔者的问卷调查和实际管理中，存在这样的现象：当留学生在跨文化适应上出现困难时，更愿意向周围的同学和朋友寻求帮助，而不是向外训管理者寻求帮助。因此，这就需要管理者参加跨文化培训，尽量地了解不同留学生的文化背景，从留学生的角度思考他们的需求与想法，减少一些先入为主的偏见，积极提升自己的跨文化管理能力，提供更合适的方式为留学生服务，以便帮助留学生更好地度过适应期。反言之，留学生也可以主动向管理人员表达自己的想法，通过双方的共同努力，制定阶段性目标，营造积极乐观的氛围，解决文化差异所导致的问题。

（三）拓展交流渠道，增进宾主间跨文化交往能力

军队院校的保密工作涉及国家和军队的利益和安全。因此，在保密前提下的外训工作中，法语国家军事留学生的交往活动往往会受到一定的限制。但是在做好保密工作的同时，应因地制宜地为留学生提供良好的交流环境，使他们能够融入新的文化当中。从影响留学生跨文化适应能力的内部因素“跨文化交往”来看，积极参与东道国文化活动对其更好地适应东道国文化有着积极的影响。因此，外训管理者应该主动作为，积极创造条件使留学生有机会参与丰富多彩的文化活动，以最直观和最直接的方式感受和理解中国文化。如与内训学员定期开展文化沙龙和文艺表演、组织观看和欣赏中国古典音乐、书法、外出参观见学等。这些活动不仅能让留学生充分展示自己才艺，提高自信心，也能让其更进一步接触到中国的文化。从实际情况来看，很多留学生具有多方面的兴趣爱好，外训管理者可以利用留学生的这些兴趣爱好，组织中外学员一起开展文

化活动，在活动中逐步建立交流的基础，进而推进留学生的跨文化交流能力的发展，最终达到跨文化适应的目的。

（四）健全心理疏导机制，强化留学生跨文化适应能力

从问卷调查中的心理适应方面可以看出，被调查的留学生总体存在轻微的心理适应困难，这也说明了军队院校留学生在跨文化适应过程中还是存在着一定的心理健康问题。留学生的跨文化适应不仅仅是生活和学习上的适应，更多的是一种在心理方面的适应过程，在此期间经常会出现孤独、焦虑、思乡等心理问题，而这些问题如不能很好地解决，必将影响到留学生在中国的学习和生活，甚至会引起一些极端的后果。因此，有必要在为留学生提供常规服务的基础上，专门为留学生提供跨文化心理咨询服务。笔者认为，可以利用军队院校的优势资源，成立由外语、心理学、社会学等学科专家教授组成专门的留学生心理咨询机构，为留学生提供跨文化心理咨询，更好地服务于留学生完成跨文化适应。

总之，外训工作作为我国总体外交和军事外交战略中的一个重要组成部分，对我国对外关系的维系和发展有着深远的意义和影响。我们通过每位学员向各国传递的不仅仅是我国先进的专业技术知识，还有那真挚而深切的友好之情。建立在适应与融合基础上的对外军事培训将成为每个外训学员生命中宝贵而温馨的记忆，更将成为我国与世界各国之间坚实可靠的友谊与合作之桥梁。

参考文献

[1] Redlfield, R, R Linton, and M. J. Herskovits. Memorandum on the study of acculturation, American Anthropologist, 1936, 38 (1): 149-152.

[2] 谢苑苑. 来华留学生跨文化适应策略与影响因素的相关研究[J]. 喀什师范学院学报，2010（5）：93-96.

[3] Graves, T. Psychological Acculturation in a Tri-ethnic Community. South-Western Journal of Anthropology, 1967, 23 (4): 337-350.

[4] Berry. J. W. Acculturation as varieties as adaptation. Acculturation: theory, models and findings. Boulder: West view, 1980.
[5] Bourhis, R. , L. Moise. S. Perreault & S. Senecal. Towards an Interactive Acculturation Model. International Journal of Psychology 1997, 32 (6): 369-386.
[6] Navas. M. et al. Relative Acculturation Extended New Contribution with Regard to the Study of Acculturation. Internalional Journal of Intercultural Relations 2005, 29 (1): 21-37.
[7] Gudykunst, W. B. An anxiety/uncertainly management (AUM) theory of 'strangers' intercultural adjustment. Theori-zing about Intercultural Communication, ed. by W. B. Gud-ykunst. Thousand Oaks: Sage Publications, 2005.
[8] Kim, Y. Y. Becoming Intercultural: An Inlegrative Theory of Communication and Cross-cultural Adaptation. Thousand Oaks: Sage Publications, 2001.
[9] 陈俊、郑生富，军队院校军事留学生跨文化适应问题研究[J]. 中国军事教育，2014（3）.

医疗援助

新时期援外医疗工作的现状与思考

邹　霞
湖北省卫生计生委对外交流合作中心

一、援外医疗队的历史和我省援外医疗队现状

1963年，刚获独立不久的阿尔及利亚，全国医疗事业几近一片空白，他们通过国际红十字会紧急呼吁医疗援助。我国政府出于国际主义义务，第一个响应阿尔及利亚政府请求，经周恩来总理指示，迅速组建了以湖北医务人员为主以及北京、上海等地最优秀的医生组成的24人中国医疗队，赶赴万里之外的阿尔及利亚，以精湛的技术和热情的服务，为维护阿尔及利亚人民的健康和社会稳定作出了贡献，受到该国政府和人民的欢迎和拥戴。此后，随着中国医疗队的工作不断得到受援国认可，中国医疗队的事迹迅速传遍整个非洲乃至全球，请求中国政府派遣医疗队的非洲国家不断增加。伴随着非洲风起云涌的民族解放和国家独立斗争，基于中国政府支持发展中国家的坚定政策，一支支中国医疗队远赴非洲，肩负祖国重托，履行着伟大无私的国际主义援助义务。半个世纪以来，中国共向66个国家和地区派遣过医疗队员2.3万人次，累计治疗患者上亿人次。目前仍有1100余名医疗队员在50个国家和地区的113个医疗点参加援外医疗工作。

我省主要承担向阿尔及利亚和莱索托王国的医疗队派遣工作，半个世纪以来，我省累计向以上两个国家派出医疗队员3000多人次，不仅治愈了大量的常见病、多发病，而且还成功开展了肿瘤摘

除、断肢再植等难度较大的技术服务，为数以万计的受援国人民解除病患疾苦。目前，我省向阿尔及利亚派遣的是第23批援阿医疗队，共计86人，其中妇产科28人，麻醉8人，针灸科5人，骨科7人，眼科4人，普外9人，烧伤整形4人，分布在阿尔及利亚8个医疗点工作。援莱医疗队是第9批医疗队，共计8人，其中妇产科、骨科、内科、麻醉、针灸、放射科各1人，在莱索托莱里贝医院工作。多年来，我省的一代又一代援外医疗队员全心全意为受援国人民服务，成为健康和友谊的使者，赢得了受援国政府和人民的信赖与支持，增进了中阿、中莱人民间的传统友谊，在推动双方经济、文化、卫生交流等方面，作出了不可磨灭的贡献，也向世界见证了中国医生的国际主义和人道主义精神。

多年的援外工作使我认识到，援外医疗工作是架起我国和非洲国家友谊的一座桥梁和纽带，是服务于国家整体外交的一个重要组成部分，更是一项长期而艰巨的政治任务。实践证明通过医疗技术援助这一特殊形式，为推动中非友谊，树立良好国家形象，为我国在国际事务中得到发展中国家的支持，发挥了重要作用。

二、我国新时期援外医疗工作重点（引自相关报道）

2013年8月15日召开的“全国卫生援外工作暨援外医疗队派遣50周年”会议提出，新时期我国援外医疗队工作重点确定，按照国家整体部署和习总书记十六字精神，以提高受援国医疗卫生技术水平和医疗卫生事业发展能力为目标，总结经验，创新形式，改革管理机制，实现援外医疗队的可持续发展，支持受援国卫生事业的可持续发展。

在优化援外医疗队结构上，今后我国援外医疗队临床医务人员将主要来自国内三级甲等以及其他大型医院，以35~55岁之间具备主治医师或同级别以上专业职称的中青年人员为主，逐步建立一支语言好、素质高、技术精湛的医疗援外专业化队伍。援外医疗队工作将结合我国对外援助中长期发展政策指南，积极探索医疗机构之间的对口交流合作，实现六个结合——长期派出和短期派出相结合，常规技术和高端技术相结合，医疗服务和医学教育相结合，“走出去”和“请进来”相结合，现代医学和传统医学相结合，政府与民间相结合。

我国将进一步完善援外医疗队工作保障政策，鼓励优秀人才参加援外医疗队。援外医疗队人员的选拔要与本单位人才培养结合起来，加强援外医疗队的国内外培训；各地要研究制定援外医疗队队员在职称晋升和培养使用方面的倾斜政策；队员在国内培训和国外工作期间，其相应的工资福利待遇仍由原单位发放；鼓励队员开展科研工作；尽快改变医疗队国外驻地条件差的状况，加强驻地安全、供水和供电设施建设，做好国外生活物资保障，为援外医疗队药械和生活物资的通关和检验提供便利。

三、当前我省援外医疗工作存在的问题

（一）医疗队员选派难

近几年来，我省的医疗队员在选拔上，存在选派难的问题。我个人总结原因如下：

1. 受援国对个别科别需求人数增加，部分医院抽调骨干力量参加援外有一定困难

每批选派医疗队员时，根据阿方实际需求，也为保证援外医疗队技术过硬，能做好援外医疗工作，我省卫生计生委对外交流合作处向各地市州卫生计生部门下达指标，由各地区按名额推荐业务技术好、政治素养高的具有中高级职称的医师。以需求最大的妇产科医生为例，按今年新签订的《中国向阿尔及利亚派遣医疗队议定书》中要求，2015 年起，每批医疗队需选派 33 名妇产科医生在阿工作两年，而此批次医生在外工作一年后，又需选派接替的下一批医生进行为期至少 8 个月的法语培训，因此，每两年期间，我省实际有 66 名妇产科骨干因援外工作或法语培训而脱岗，造成部分医院骨干力量甚至科室主任临时缺失，而未达到主治以上职称的年轻

医生又不符合要求参加援阿，因此，对部分地区的医院而言，选派医生有一定困难。

2. 部分医生援外使命意识淡漠，更关心待遇问题，缺乏奉献精神

选派医疗队员过程中，多数医生经推荐选派后，都会觉得这是一个光荣的使命，对援外工作充满热情。但是，部分推荐选派的医生，对援外医疗任务缺乏认识，存在畏难想法，缺乏老一辈医疗工作者的奉献精神。随着国内生活水平提高，收入增加，一些医生在国内的收入远远高于参加援外医疗任务期间的待遇，因此，存在不愿意去，或者同医院先谈条件，后谈援外的问题。对此，我省每批医疗队员外语培训班开班时，都要和全体队员讲明援外医疗任务的意义，提高队员们的思想政治水平。

（二）国外工作期间语言问题

我省选派的出国援外医疗队员，医疗技术上不存在任何问题，普遍能立刻适应受援国医疗条件，正常投入工作，问题在语言。我们都知道，医生们在国内医学院校所学外语一般为英语，去非洲的法语国家援助，就必须要学会法语。我省为最大程度提高医疗队员培训期间的法语水平，和武汉大学法语系合作，聘请武汉大学的法语教授和外教来为学员授课，每期都取得很好的效果，我们的学员在经过短期的法语培训后出国参加援外医疗任务时，能很快做到与受援国医护人员的日常生活和工作上的沟通，可以很好地应付工作所需。但是，各位在座的专家都知道，一门语言无论如何也不可能在 8 个月内运用自如，虽然每个医疗点都配有翻译，可翻译也无法在同一时间分身为每位队员进行翻译，例如如何更深层次地与受援国同行探讨病例，交流学术，甚至给当地医护人员进行授课，就不是一件容易的事了。因此医疗队员个人的法语水平使工作能否最大程度开展，充满不确定因素。

（三）医疗队员待遇提高的问题。

我国有 27 个省（市、自治区）承担援外医疗队派遣工作，各地对医疗队员都有一些优待政策。以湖北省为例，参加援外医疗任务的队员培训期间可算入学分，参与职称晋升时，计算机、外语免

试；可以享受同等条件下，优先晋升等政策。但收入上，以医生为例，因为没有国家下发的明文规定，效益好的医院，可以对医生奖金全额发放或发全院平均奖；效益不好的医院，仅发医生的基本工资，严重影响援外医生的工作情绪。国外医疗津贴方面，医疗队医生每月除援外津贴外，享受每月300美元的岗位补助，而队中的翻译、厨师等岗位，一年只有1000美元上下的岗位补助，也间接影响这些辅助岗位人员的工作热情。因此，如何切实提高援外医疗队员的待遇，现在是不少医疗队员关心的问题。近日刚刚出台的《湖北省援外医疗队工作人员管理办法》，已明确了医疗队人员国内工资待遇的落实方案，需要各派员单位严格按管理办法实施，才可确保援外工作人员的国内待遇。

（四）做好国外生活物资保障，为援外医疗队药械和生活物资的通关和检验提供便利的问题。

我省援阿医疗队的器械和生活物资，因为阿尔及利亚海关不允许，无法直接由国内向阿发运，因此每批医疗队员出国时，都需要在行李中加入很多在国外工作可能要用到的医疗器械、药品和生活物资，但数量有限，此外，还多次出现入境时当地海关对这些物资进行检查甚至收缴的事件，对国外的工作和生活造成不便。如何能与阿尔及利亚海关进行沟通，对于我援阿医疗队物资进行顺利通关，也是一个需要解决的问题。

（五）如何做好“走出去”和“请进来”相结合的问题

我省有广泛的医疗资源，也有众多的医学院校，技术力量和师资力量雄厚，有能力邀请受援国的卫生管理人才和医护人员来汉进行培训。我中心也希望拓展这方面项目，每年定期承办针对受援国卫生管理人员或医护人员的培训班，希望在座的各位领导、专家能予以支持。

以上这些问题，是我在参与我省援外医疗工作中所见所闻的总结，不能以偏概全，还有很多方面尚需和其他省份交流学习。

阿尔及利亚援外医疗队员的工作现状和存在的问题

罗惠苹
湖北中医学院

中国向非洲国家派遣医疗队，是中非开展时间最长、涉及国家最多、成效最为显著的合作项目，是国际上最伟大、最无私的国际主义援助之一。我国向非洲派遣医疗队始于1963年，至今已经走过了51个年头。51年来，我国已先后向非洲派遣了约2万名医生，救治了数以亿计的非洲病人。在非洲这片贫瘠的土地上，中国医疗队队员用坚韧不拔的毅力和良好的职业道德，兢兢业业，无私无畏，战胜了工作关、语言关、生活关和疾病关，为受援国人民的健康和民族事业的发展而努力工作，用他们辛勤的劳动和汗水，甚至是生命，换取了非洲人民的信任和高度赞扬。

援外医疗队作为一个特殊的群体，他们离开了自己熟悉的环境，置身完全不同于国内的社会、生活、工作和语言环境中，他们克服了工作和生活中的种种困难，为完成国家交给的援外医疗任务作出了很大的贡献，取得了很好的国际效果，同时，他们在努力工作中也遇到了平常想象不到的问题和困惑，更希望领导、家人、社会以及更多的人来关注他们。

一、国外工作中的遇到的问题

（一）体制和管理的差异

援外医疗队的体制和管理是几十年的延续，与现在海外中资企业的现代化管理有着很大的差别，这种表面上看是人人在管，而实际上是人人管不了的体制是造成今天医疗队出现问题多的关键，也影响了中国医疗队的对外形象。遇到大问题，总队长要请示国内，研究讨论，较长时间难有答复；分队长经常遇到各种问题和矛盾，由于管理权有限，只靠做思想工作，往往解决不了问题。如果分队长对自身要求不严，那就得不到队员的理解和支持，工作更是无法开展。

（二）生活和习惯的差异

队员们来自各地，生活环境、习惯各不同，特别是来到伊斯兰国家，宗教信仰、生活方式不同了，蔬菜少，菜肴品种单调重复，没有调料，大家众口难调。厨师开始去时，工作都不错，时间长了，矛盾多了，特别是工资调整以后，部分师傅都嫌工资低，态度消极，影响整个医疗队的工作和生活。加之医疗队员业余生活很少，由于安全原因队员也不能私自外出或旅游，队员们的情绪经常出现波动。

（三）工作环境的差异

非洲国家的医疗条件一般都很差，消毒不严格，工作态度拖拉不严谨，一件事情要去几次才能办成。队员们面对陌生的工作环境和语言环境，不能很好地与当地医护人员及病人进行沟通。工作量大，在缺少助手，缺少器械的情况下，要独立处理工作中遇到的一切困难，压力很大。医院虽然欢迎医疗队去，但是工作环境差，房间少，病人多，经常不能正常下班。当地的医生和我们一起工作，却经常不来或迟到早退，同岗工作的不同境遇对医疗队队员带来相当的影响。而且由于队员们赴阿时，受行李重量的限制和阿方海关的限制，我们的一些医疗器械被没收，医疗工作也受到了影响。

（四）经费紧张，与中资机构的差异

医疗队经费紧张，季度报账很少。队里有时厨房厨具坏了，要买新的，申报程序比较复杂，不能马上批准，影响了队员们的生

活。国家卫生计生委近几年对医疗队加大了资金投入，每个医疗队里都配备了电视、空调、DVD 等设备，但是几年后这些设备陈旧或损坏了，又没有及时更新，很多机器完全不能用。现在每个队员都自带电脑，与国内、家里联系方便多了，但是网速不够，网线费规定限额太低。如何保证大家在外的通讯畅通成了最多的话题。而据我在国外工作期间了解过的一些中资机构，都会全力做好驻外人员的后勤保障，每个人的通讯网络畅通，饮食、水果、饮料都是保证供应，短期还可回国探亲，有条件的还鼓励带家属，以此稳定长期驻外队伍。

（五）心理素质的差异

医疗队队员来自不同的地区和单位，文化、经历、背景各异。当置身于陌生环境，脱离家庭独居时，容易产生孤独感和各种各样的心理应激反应。对同一事情的观点不同，认识上产生分歧，语言交流过程中，时有误解易引起矛盾。有的人能很快适应新的环境，投入到工作中去，少数人则焦躁、烦恼、失眠、猜疑，甚至要回家，很久不能适应外面的工作生活环境，我们应该关注援外医疗队员的心理健康问题。

二、目前在现有体制下医疗队应解决的几个问题

（一）探索与阿国开展交流合作，与他们医学教学机构开展传统医学的教学，把中国传统的中医药传到非洲，让中医中药在非洲开花结果，能否在阿首都建立一所综合医院？

（二）开通海关通道，保证医疗、生活物资的完备。如果能每年进一个集装箱，医疗队所需的仪器、器械、设备、药品就能得以保证，医疗队员不用再为过海关而担忧，队员的工作和生活也能改善。

（三）提高医疗队员的待遇，解决他们的后顾之忧。医疗队的待遇相比中资机构是较低的，翻译们都愿意去中资机构工作，待遇

好，福利好，探亲多，应着手尽量缩小与他们的差距。提高队员们的生活水平，给每人配备好书桌、椅子、书架、电脑、电视以及安排好卡拉 OK、乒乓球台、羽毛球、篮球、棋类等业余生活用品。因为医院只提供医生的基本生活物资，如床，衣柜（很小）。还应保证每个队员有充足的网费。

（四）严格按照国家援外人员的具体要求和政策文件来选派医疗队队伍，要严把医疗队员资格关。医疗队几十年的实践证明，凡是单位按照援外文件严格把关选派出来的队员，都能圆满完成援外医疗任务。援外医疗队的声誉是靠我们医疗队员的精湛技术来赢得的，因此我们的医疗队员首先必须业务过关，实践同样证明，派出的那些业务过硬的医生，出国后工作上手快，生活适应快，外语关过渡快，反之，那些业务不过关的医生则难以适应国外工作，生活上麻烦多，更重要的是会直接导致不良的国际影响。

（五）医疗队制度管理。几十年来，医疗队都是两年临时抱佛脚，每批新队一来就在磨合中度过，等明白了，两年也结束走人了，换新队又重新开始。因此每个队针对自己的特殊情况制定了相对稳定长远的制度，这对医疗队今后的稳定，尽量减少医疗队人为的矛盾，真正做到对医疗队员公平、合理、公正地对待十分重要，我们针灸队制定了相应的管理细则，从分房、分人、分物及工作、生活、安全等方面都有明确的规定，解决了医疗队工作和生活中出现的种种问题，平稳度过了几届医疗队的换届。

（六）提高分队长的管理素质和个人修养。分队长是医疗队工作好坏的关键，因此应该强调分队长的人才队伍建设，首先要有责任感，要能够在医疗队工作中挑重担，大胆管理，以身作则，大公无私，吃苦耐劳，起到模范带头作用。同时医疗队长还要不断提高管理能力，提升做好队员的思想工作和协调工作的能力。

合　作

和平、发展之路上的规范互补与错位合作

——中法非三方合作路径探索

李　旦

外交学院

从外交战略层面上观察，中国、法国、非洲互为重要合作伙伴。中非、中法、法非双边关系定位清晰，脉络分明。但当中国与法国在非洲相遇，既有的双边架构和行为规范已无法应对这一新的挑战。探索中法非三方合作路径，共谋和平与发展，需要我们以理论上的创新来带动实践中的突破。

一、中国、法国和非洲：竞争还是合作？

中非之间有着深厚的传统友谊。20 世纪五六十年代，毛泽东、周恩来等新中国第一代领导人和非洲老一辈政治家共同开启了中非关系新纪元。在反殖反帝、争取民族独立和解放斗争中，在发展振兴道路上，中非人民相互支持、真诚合作，形成了同呼吸、共命运、心连心的命运共同体。今天，中非关系已经进入全面发展的快车道。双方于 2000 年举行了首届中非合作论坛会议。在 2006 年的论坛北京峰会上，中国确定将与非洲国家携手建立和发展中非新型战略伙伴关系。2013 年 3 月 25 日，中国国家主席习近平在坦桑尼亚达累斯萨拉姆尼雷尔国际会议中心发表题为《永远做可靠朋友和真诚伙伴》的演讲，用“真、实、亲、诚”四个字概括中国发

展对非关系的基本态度。

在西方大国中，法国于 1964 年率先与中国建立大使级外交关系，1997 年建立全面伙伴关系，2004 年升级为全面战略伙伴关系。中法两国同为联合国安理会常任理事国，在促进国际和平、安全及发展事业方面承担重要责任。在事关全局的重大问题上，两国有很多共同点。中法双方均高度重视双边关系，强调中法关系至关重要。中法关系常常被视为两个不同社会制度和文化传统国家间和平共处、互利合作、共同发展的典范。习近平主席于 2014 年 3 月对法国进行国事访问，与奥朗德总统发表联合申明，宣布中法两国将共同努力，开创紧密持久的中法全面战略伙伴关系新时代。

法国与非洲之间则长期保持着“法非特殊关系”。众多法语非洲国家不仅以法语为官方语言，而且在政治上、经济上、文化上深受法国的影响，这是一个公认的事实。法非关系历史悠久、错综复杂、内涵丰富。法国在非洲各国，特别是在众多非洲法语国家有着深远的影响力。随着时间的推移、国际形势的变化和国家实力的相对下降，法国政府不断摆出新的姿态，尝试重新定义法非关系，但联系法国和非洲的实质性纽带没有发生根本性改变。首脑私交与政治关系、发展援助和货币政策、文化合作和法国语言、军事干预和海外驻军——上述要素依然是当今法非关系的基本组成部分。① 尽管饱受抨击，“Françafrique”（法国非洲）这一概念仍然被认为是对法国与非洲国家，特别是法语非洲国家之间这种特殊关系的真实写照。

近年来，随着非洲在国际舞台上崛起，随着中国与非洲关系的迅猛发展，中国和法国在非洲究竟是对抗、竞争还是合作？这一问题在各种场合被不断提及。其实，中法非三边关系的构建并非一个新话题。早在 2007 年 6 月，欧盟就曾组织过“欧盟、非洲和中国：竞争伙伴？”研讨会。作为欧盟体系内发挥主导作用的国家之一，法国自然会对这一主题表示高度的关注。

合作共赢则两利，竞争对抗则两败——中国方面在这一问题上

① 江翔．试析当前法国同非洲的关系［J］．西亚非洲，1996(3)：17-22.

的态度向来是清晰明确的。在2007年欧盟的研讨会上，时任中国驻欧盟大使关呈远表示：中欧在非洲相遇，对常人来说，也许必有碰撞，对智者来说，则蕴藏着机遇。显然，这一观点同样适用于中法非三边关系。值得我们关注的是，习近平主席于2014年3月对法国进行国事访问期间，中法双方于3月26日在巴黎发表《中法关系中长期规划》。在这份重要文件中，两国政府明确表示将“加强在非洲事务上的双边对话，为非洲国家实现非洲稳定与发展提供支持和配合……增进在发展问题，特别是非洲发展问题上的对话与合作，支持实现联合国千年发展目标”。尽管中法两国政府围绕非洲问题的司局级磋商已经启动多年，但这是第一次在国家层面对中法双边关系进行战略规划时将非洲事务纳入进来，具有很强的指导意义。

为了非洲的和平与发展而加强中法非三方合作——大方向已经明确，但在具体落实的过程中还有不少困难与障碍需要克服。有关各方对中法非三方合作的必要性、可能性及发展前景有着或多或少的疑虑。这些疑虑主要表现在：（1）法方担心中非关系的发展损害其在非政治和经济利益（2013年以来，中国已经成为非洲最大的贸易伙伴。非洲经济历史上长期由西方垄断，但如今西方一家独大的局面正在快速改变①）；（2）中方认为法方在三方合作的问题上说得多，做得少，缺乏诚意，双方之间互信不足；（3）由于实力对比相差悬殊，一些非洲朋友担心，三方合作启动后，中法可能会联合起来“欺负”非洲，此外，非方将无法同时从中法双方受益②。

---

① 根据法国《新经济学家》2015年6月24日发表的对法非基金会主席Lionel Zinsou（2015年6月18日起任贝宁总理）的专访，目前，在非洲国家的出口贸易中，中国所占份额为15%，法国仅为5%，而20年前，法国占15%，中国只占1%。法国对非贸易的年增长率为5%左右，而中国对非贸易的年增长率为30%-40%。参考网站：http：//www. lenouveleconomiste. fr/lionel-zinsou-la-france-se-trompe-sur-la-vitesse-du-mouvement-en-afrique-du-mouve-ment-en-afrique-27520/。

② 笔者于2013年9月参加由韩国法国文化中心与亚洲大学联合举办的“亚洲与非洲相会”国际研讨会时，多名参会非洲学者就此表达了他们的担忧。

总而言之，信任的缺失、意图的误读和政策的误解常成为阻碍中法非三方合作顺利发展的绊脚石。

二、规范互补与错位合作——新概念的引入

发展中法非三方合作的目标是共赢，而中法两国在非洲大陆所面临的共同任务是支持非洲国家实现和平与发展。

和平需要建设（Peacebuilding），而合作（援助①）被视为发展的重要手段。在建设（恢复）和平及开展合作的过程中，中国和以法国为代表的西方国家在以非洲国家为代表的广大发展中国家形成了不同的规范和模式。中国学者何银在《规范竞争与互补——以建设和平为例》② 一文中对此进行了较为深入的探讨，所提出的"和平规范"、"规范竞争"、"规范互补"等关键性概念很具参考价值。

在建设和平的实践过程中，加拿大学者罗兰德·帕里斯认为，西方国家传播的是所谓"自由和平"规范，即通过政治自由化和市场自由化实现稳定的和平。意大利学者丹妮拉·斯库瑞则对比了中国和欧洲国家在非洲的维和行为，指出中国在非洲传播的是与欧洲国家截然不同的维和规范：立足于主权平等原则，将经济发展设为和平的前提条件，即"发展和平"，或被称为"中国和平"（Chinese peace）。③

在对非合作（援助）领域，中国与法国同样呈现出模式差异。美国学者黛博拉·布罗蒂加姆在《龙的礼物：中国在非洲真实的故事》④ 一书中指出，西方国家为援助设置了苛刻的政治条件，必

① 在非洲的特殊语境中，"合作"常被视为"援助"的代名词。

② 何银．规范竞争与互补——以建设和平为例[J]．世界经济与政治，2014（4）：105-121.

③ 何银．规范竞争与互补——以建设和平为例[J]．世界经济与政治，2014（4）.

④ 黛博拉·布罗蒂加姆著，沈晓雷、高明秀译．龙的礼物：中国在非洲真实的故事[M]．北京：社会科学文献出版社，2012.

须以实现良治为目的，而中国的对非援助则基于平等互惠和不干涉内政的原则，讲求相互尊重、平等相待、重信守诺、互利共赢。

西方传统思维认为，规范竞争和冲突的结果必定是零和的。反映西方价值观和文化的自由民主规范是“好规范”，非西方规范是落后的，所以西方规范必将“战胜”非西方规范。按照这一逻辑，中国与法国在非洲和平与发展道路上的规范和模式之争也将以此收场。何银认为，在非洲建设和平、开展合作的过程中，所谓的中国规范和西方（法国）规范其实并不在同一体系之内互动，如果它们之间存在竞争的话，其实质为“体系间规范竞争”。此外，中西之间的这种规范之争是动态的而非静态的过程。在这种条件下，规范竞争可以带来规范互补，零和游戏可以转变为合作共赢。当然，互补的规范并不意味着“规范之间的冲突完全消失，而是指两个在主张上存在差异的规范在竞争性互动过程中，相互学习，相互补充”①。

利比里亚和海地的战后重建之路被认为能够充分说明不同规范共处和互补的可能性和必要性。20 世纪 90 年代以来，均属最不发达国家之列的利比里亚和海地两国饱受战乱、灾害与疾病的困扰，同样面临着建设和平和恢复发展的艰巨使命。目前，国际社会普遍认为，利比里亚的重建进程明显优于海地，其差别在于中国的参与程度。由于海地与中国没有外交关系，尽管中国在海地的维和、医疗援助和地震救援等方面付出甚多，但海地始终置身于中国的“发展和平”规范之外，在工业、农业和基础设施等领域难以得到中国官方的成规模、成体系的帮助。与之相反，由于兼具西方“自由和平”与中国“发展和平”两种模式、两种规范，利比里亚在政治、经济、社会和安全重建等方面的形势都要好于海地。②

2014 年，利比里亚遭遇埃博拉病毒的严峻挑战。中国及美、

① 何银．规范竞争与互补——以建设和平为例[J]．世界经济与政治，2014（4）：113.

② 何银．规范竞争与互补——以建设和平为例[J]．世界经济与政治，2014（4）：116-120.

法等发达国家共同出手相助，在人、财、物等方面给予利比里亚大力支持，该国最终得以战胜恶疾，渡过难关，再次显示了中西两种规范并存、互补在支持非洲国家发展、维护其国家利益方面表现出的显著优势。对这一优势的深刻认识可以帮助我们变疑虑猜忌为战略互信，转对位竞争为错位合作，以优势互补服务于合作共赢——而这将是中法两国在非洲的正确选择。

三、三方合作路径探索

无论是在和平还是在发展领域，中非合作模式与法非合作模式并非同一体系内“零和”的竞争关系，两种模式共存时不存在“主从”之别，更不必有“高下”之分。在相互尊重和发挥比较优势的前提下，中法非三方之间完全可以发展出符合三方利益的错位合作模式。尽管西方对中国的对非合作模式依然有不少非理性的批评之声，但中国模式与西方模式事实上已经开始相互借鉴。前文所述的利比里亚即为例证。

笔者认为，在探索中法非三方合作路径时应当把握以下基本原则和方向：

（一）三方合作的前提是要加强有关各方对这项工作重要意义的认识。中法非三方合作顺应时代潮流，有利于非洲和平和政治稳定，有利于非洲社会进步，有利于三方经济发展，有利于维护世界语言和文化的多样性。

（二）三方合作的有利条件是中法在非洲的优势互补。中国的优势表现为庞大的经济体量和强劲的经济活力，与非洲国家稳定良好的政治关系，在基础设施、商品零售等领域优势较大，中非经济互补性强。法国的优势则体现在对非洲国家价值观、治理体系、法律制度和教育文化领域的熟悉，在非洲政治和安全领域影响力很大。

（三）三方合作的关键是要加深对中法全面战略伙伴关系及中非新型战略伙伴关系的理解。三方需要从战略的高度看待中法和中非关系的发展。在发展对非关系的过程中，中方应当继续秉承

"真、实、亲、诚"的理念和正确的义利观，推出更多契合双方发展需求的互利合作新举措，推动中非新型战略伙伴关系再上新台阶，更好地造福双方人民。中国上升的势头势不可挡，法国需要正视这一现实，进一步摆脱意识形态的偏见，在建设紧密持久的中法全面战略伙伴关系的过程中充分利用各种机遇。中法在非洲并没有不可调和的结构性矛盾，相反，两国在诸多全球性重大问题上持共同立场，有着广泛的共同利益。

（四）三方合作的难点是要消除疑虑，加强互信，表现出合作的诚意与勇气。信任感的建立、巩固与加强非一朝一夕可以完成，需要三方在政府、学界及民间层面不断努力，加强交流和沟通。"国之亲在于民相交"，中非、中法人文交流机制的发展和完善将在这一进程中发挥重要作用。

（五）三方合作的过程中一定要高度重视非洲国家的感受，把非洲国家利益摆在首位，保证合作项目的透明与实效。在历史上，非洲人民饱受殖民主义、帝国主义的欺凌，为赢得民族独立和捍卫国家主权付出了艰苦的努力和巨大的牺牲。他们渴望发展，但绝不会为此牺牲独立、主权和尊严。建立在历史友谊、相互尊重和平等互利基础上的中非关系是我们宝贵的财富。在发展三方合作的过程中，我们要始终把握这一基本原则。

（六）在探索与实施中法非三方合作的过程中要找准优先领域，把握循序渐进、由浅入深、由易到难的原则。基础设施落后是制约非洲经济发展的瓶颈，所以也是非盟和"非洲发展新伙伴计划"优先关注的领域。欧盟国家（法国）的资金、项目管理经验与中国质优价廉的工程技术可以形成优势互补。民生工程（如供水项目）最受非洲民众关注，目前已经出现了美方承标、法方设计和监理、中方融资与承建的多方共赢案例，应总结经验，灵活运用并推广。在技术与服务并重的第三产业，如电信、银行、保险、旅游……中国企业善于与物打交道的"硬实力"（企业规模、设备供应、施工能力）与法国企业善于与人打交道的"软实力"（熟悉国情、熟知规则、强于沟通）能够相辅相成，打造强大的产业链，为非洲国家提供更多的选择和更好的服务。公共卫生领域是公认的三方合作新的增长点，2014 年至 2015 年肆掠西非的埃博拉危机在各方合力之下得到有效控制成为有力的证明。在农业领域，法国方面已经表现出了强烈的合作愿望。基于多年的积累，法方在非洲农业开发方面拥有丰富的资料和经验，但苦于开发能力不足，希望能够与中方共享①。在科学、教育和文化领域，为保持和促进人类文明、文化和语言多样性，有着诸多共同诉求和互补优势的中法非三方可以通过人文交流机制的不断巩固和发展进一步加强合作和交流。在建设和平领域，法国所推崇的“自由和平”规范能够与中国的“发展和平”规范共存、互补，对此前文已有充分论述。此外，中法非三方在能源、交通、矿产、制造业、环境、安全、警务等领域开展合作的前景也很广阔。在推进三方合作的过程中，找准优先领域之后，要充分考虑各方，特别是非方感受，注意掌控节奏，做到循序渐进、由浅入深、由易到难。

可喜的是，经过多年的探索和实践，中法非三方合作的必要性与可行性目前已经在愈来愈广的范围内得到接受和认可，并已取得了许多令人瞩目的成果。例如，法国道达尔石油公司同中国公司合作，在安哥拉和尼日利亚共同开发大陆架石油勘探项目；法国电力公司和阿海珐公司同中国公司在南非有核电合作项目；被纳入中法新生疾病合作研究框架中的武汉 P4 实验室项目将开展针对埃博拉病毒等烈性传染病的高水平研究，为饱受疾病困扰的非洲人民造福……

李克强总理于 2015 年 6 月底 7 月初对欧洲进行了一次时间紧凑却意义非凡的访问。访问过程中，中法双方推动国际产能合作，共同开发第三方市场被反复提及。作为此次访问的一项重要成果，李克强总理与法国总理瓦尔斯 6 月 30 日发表《中华人民共和国政府和法兰西共和国政府关于第三方市场合作的联合声明》，表示中法两国将采取多种形式，在能源、环境、基础设施等领域开展三方合作，实现互利共赢。双方还一致同意建立中法共同基金，为双方

① 据笔者 2014 年 7 月 29 日对法国农业合作及发展问题专家、农艺研究发展中心（CIRAD）主任 Jean-Jacques Gabas 的访问。

于第三方开展产业投资等国际合作提供融资支持。毫无疑问，在这一过程中，非洲市场将是中法两国关注的重点。非洲的市场与资源优势、中国的资金与产能优势、法国的技术与管理优势将在丰富多彩的“错位合作”中得到充分的发挥，为三方人民带来实实在在的利益，并为更高层次、更广范围的多边合作确立规范、打造样板。

中法非三方农业合作问题探讨

陈淑仁
对外经济贸易大学

中法非三方合作，农业合作是重要领域。本书试从理论观念上看三方农业合作的必要性；从非洲农业现状上看三方农业合作的迫切性；从中非关系、法非关系上看三方农业合作的潜力和途径，最后提出几点三方合作应注意的问题。

一、从理论观念上阐述三方农业合作的必要性

（一）民以食为天，吃饭是第一件大事

中国有句古话叫“民以食为天”。这是中国食文化的理论基础。春秋时期大政治家管仲曾说：“王者以民为天，民以食为天，能知天之天者，斯可矣。”

民以食为天的观念如此源远流长，反映了中国几千年文明史和农业关系至为密切，粮食至关重要。人们对于吃的重要性的认识始终贯穿于中国文明发展的历史长河。《汉书·郦食其传》云：“王者以民为天，而民以食为天。”

中国很早就进入农耕时代，在漫长的农业社会，由于生产力水平低下，社会人口相对较少，历史上天灾人祸频繁，使老百姓不得不对温饱问题给予更多的关注。因而，在古代，国家、江山被说成“社稷”，“稷”是黍类，是谷类，是一种粮食。古代以“稷”为百谷之王，帝王都奉祀“稷”为谷神，进而以此指代国家。

管仲曾告诫统治者："衣食足则知荣辱，仓廪足则知礼节。"他认为，治国就是"牧民"，就是让他们有饭吃，然后才会守法、懂规矩。中国历史上，往往因遇到自然灾害，农业歉收或颗粒无收，而官方苛捐杂税过重，才使得民众揭竿而起。

而中国历史上，那些发明熟食，善于烹调的先人，则被奉为圣人。比如，传说中的燧人氏、伏羲氏、神农氏等，莫不是因为开辟食源或教人民做熟食的丰功伟绩，被后世尊为中华民族的始祖。春秋时期的孔子也说："饮食男女，人之大欲存焉。"将"吃"列为人的第一本性和根本诉求；他还说："食不厌精，脍不厌细。"将吃饭列为人生重要的享乐。

几千年下来，在民间，老百姓的确已经以"吃"作为第一需要，甚至以"吃"为天职和幸福了。所以，农民最盼望的就是"五谷丰登"或"风调雨顺"。当然，人们进行农业生产是为了满足吃穿需要，吃穿是为了活着，但活着不是为了吃穿，而是更好地工作、更好地生活，更好地造福人类。

（二）农业是基础，国家的经济命脉，立国之本

农业基础事关江山社稷，"民以食为天"，不仅仅居于中国食文化的核心，还是历朝历代的立国之本。历代统治阶级都重农轻商，国家始终以农业为中心。

《周书》介绍八件国家大事（"八政"），第一就是食——就是今天说的"农业是基础"，"无农不稳"。《魏书·李彪传》说："国无三年之储，谓国非其国。"粮食是最重要的战略物资。历朝历代都十分重视兴建仓储设施，千方百计筹粮。在夏朝就已经建立了仓储制度。历朝历代都没有放松，一直延续至今。

还有，中国的编户制度、赋税制度、俸禄制度等无一不以此为基本准则。中国的礼仪、道德、礼教等上层建筑就是建立在农业经济基础之上的，所有不可调和的社会矛盾也集中于此，所以历朝历代的变法和改革，通常都是关于农业，围绕着吃饭来进行的。

粮食生产极为重要。抗战时期，毛泽东号召开展大生产运动：发展经济，保障供给；自己动手，丰衣足食。他说，"吃饭是第一

件大事”。因而，大生产运动保障了边区军政人员的粮菜等供给，减轻了向农民征粮的负担，为抗日战争的胜利奠定了物质基础。

新中国建立以后，我国农业经过初级社、高级社、人民公社的发展，基本解决了大众的温饱问题。改革开放以来，农业有了较大的发展。最近十年，粮食产量有了十连增，2013 年谷物产量 10855 亿斤（5427.5 亿公斤），即近 5.43 亿吨，我国粮食基本能够自给。

（三）粮食安全关系到国家的安危，民族的存亡，粮食安全成为国策

2013 年 12 月召开的中央农村工作会议，提出了新形势下的国家粮食安全战略：坚持以我为主，立足国内，确保产能，适度进口，科技支撑。核心是立足国内。就是习近平总书记讲的，中国人的饭碗要牢牢地端在自己手中，而且我们的饭碗主要装中国粮。

《中国食物与营养发展纲要》提出，到 2020 年我国粮食产量要确保稳定在 5.5 亿吨以上（指谷物）。农业部长韩长赋答记者问说，我国立足国内基本解决粮食的安全问题，这个政策是坚定不移的。我们还是要根据我们的需要和我们的能力，来保证谷物基本自给，口粮绝对安全。

近年来，我国粮食的进口量在增加，去年进口粮食 1300 万吨占国内消费量 2.4%。我们国家消费在增长，资源又有限，所以我们会适当地利用国际市场。但是，基本需求是要依靠自己的。现在有一个不争的事实，全世界都公认，中国用世界十分之一的耕地生产了世界上四分之一的粮食，养活了世界五分之一的人口。中国农民对世界作出了巨大贡献。

在政策上，中央高度重视粮食生产、粮食安全，我们有一套政策体系。在科技方面，现在科技贡献率已经达到了 55%，特别是我们把种子当成大事来抓，同时还重视基础设施。现在我们的水浇地已经到了 51%，农业耕种收综合机械化水平已经达到了 59%，这就有一定的抗击自然灾害的保障能力。还有重要的一点，就是要加大措施保护耕地，坚守耕地红线。政策、科技、设施三大支柱，

再加上一个保护耕地红线，就是“筑牢三大支柱，坚守一条红线”。

（四）非洲农业地位重要，但基础薄弱，需要中法两个农业大国进行合作

非洲大部分国家是农业国，农业在其国民经济中占有重要地位。然而，时至今日，非洲农业基础薄弱，农业生产方式仍然落后，农业生产效益低下，致使多数非洲国家粮食不能自给，不得不进口粮食。在此情况下，谈及和寻求中法非农业合作是很有必要的。

总之，无论哪一国，农业是基础，是经济命脉，粮食是人们生活的第一需要。这是任何国家、任何民族的共识，非洲人也不例外。粮食安全已经逐渐被各国上升到战略国策地位。

二、从非洲农业现状上看三方农业合作的迫切性

非洲现有 54 个独立国家，面积 3029 万平方公里（包括近海岛屿），占世界陆地总面积的 1/5；人口 10 亿多。沙漠面积约占非洲大陆面积的 40%，撒哈拉沙漠面积 777 万平方公里。非洲气候地处热带，95%以上地区属热带和亚热带气候，年均温度在 20℃以上，只有南北两端和局部山区的年均温度低于 20℃。

非洲农业现状呈现出以下几个方面的特点。

（一）农业是非洲最重要的经济部门

非洲国家多数都是以农业为主的国家（南非、利比亚等 11 国除外），农业产值约占全洲国民生产总值的五分之一，农业产值比重超过 30%的有 21 个国家；农业人口约占总人口的 2/3，有 1/2 的国家农业人口占 80%以上；农产品出口约占出口总额的 1/4，有 32 个国家的出口贸易以农产品为主。

非洲还是世界热带和亚热带作物的重要产地，许多产品在世界

上占有极重要的地位。非洲注重发展出口经济作物，但80%的国家和地区粮食不能自给。

非洲虽有发展农业生产的良好条件，但在长期的殖民统治下，许多国家都是单一种植，把物力、财力、人力集中在供出口的经济作物生产上，粮食生产落后，大多数国家和地区粮食不能自给，每年需要进口大批粮食。

（二）农业生产水平低下

首先是生产方式落后。非洲许多国家还盛行迁移农业，多数地区的耕作方式和技术都非常落后，仍然刀耕火种，现代化水平极低，靠天吃饭，丰歉皆由天定，使农业生产水平低而不稳。

其次是生产水平地下。非洲天气炙热，水浇地很少，因而粮食产量低，粮食单产不足世界平均数的一半，咖啡、棉花等也只有世界单产水平的2/3，都是水平最低的一洲。

再次，粮食不能自给，需要进口。由于非洲的生产方式落后和生产水平低下，再加上天气炙热的自然条件，以及殖民统治时期遗留下来的重视经济作物而忽视粮食作物的生产，主要是这四个因素影响了谷物生产，致使非洲多数国家粮食不能自给，每年进口数千万吨粮食。

（三）非洲农林牧渔业的合作优势和潜力

一是农业耕地有着待开发的潜力。资料显示已耕地占可耕地的比例很低。

二是畜牧业地位重要，有合作的空间。畜牧业是非洲重要的经济部门之一，例如博茨瓦纳、毛里塔尼亚、索马里、纳米比亚等都以畜牧业为主。由于经营粗放，因此生产率和商品率都很低，出肉率、产奶量等都处于世界最低水平。

三是有丰富的林业资源，但利用不合理。非洲森林面积达6.4亿公顷，占世界的17%，森林覆盖率为21%，是世界重要的热带木材产区之一。近年来林业发展较快，林业利用不合理，所产木材90%作薪柴，工业用材很少，并多以原木形式出口；大部系热带森林，采伐很少，因此，非洲林业合作潜力很大。

四是沿海国家的渔业资源丰富。但是，由于这些国家经济技术发展水平低，渔船很少，捕鱼量不大，只好与国外合作捕鱼，水产品短缺部分仍需要进口。

前几年，农业部派往非洲100多名农业专家，对32个国家进行实地考察，分头撰写了《非洲农业国别调研报告集》一至八辑。第一辑已由中国农业科学技术出版社出版。笔者今年应邀审核了第二至第七辑清样稿。最近，笔者从这六本报告集中，简要归纳了非洲32国的农业概况，包括国土、人口、国民生产总值、农业所占比重、可耕地、已耕地、主要农作物，以及部分中非农业合作项目，从中可以看出：①农业（包括畜牧业、林业、渔业）在其国民生产总值中占有重要地位；②土地资源丰富，尚有大片土地有待开发利用；③多数国家的粮食不能自给自足，粮食需求的20%以上需要进口；④中非农业合作取得了较好的经济和社会效益。

上述情况表明，非洲各国迫切需要与外国加强在农业领域的合作，以改变农业生产的产量低、效益低、农产品加工水平低以及粮食等商品的进口状况。

三、从中非政治经济关系上看三方合作的潜力与途径

（一）中非政治关系

新中国成立以来，我国与大批获得独立的非洲国家保持了良好的政治关系。

通过政界的互访和民间的接触，增进了相互了解和友谊。这就为今后的中非合作包括农业合作奠定了坚实的基础。2000年中非合作论坛以来，中非逐步建立了合作伙伴关系、全新战略合作伙伴关系，使中非政治经济关系进入崭新阶段。

（二）中非经贸关系

近20年来，中非贸易呈现高速增长态势，中非贸易额从1992年的105亿美元，到2000年突破1000亿美元，2009年中国成为非

洲第一大贸易伙伴国，中非贸易占中国对外贸易总额的比重由 2%上升到 4%，占非洲对外贸易总额的比重由 4%上升到 10%。2012 年达到 1984.9 亿美元。中非贸易额平均增速达 27%，是中国和所有贸易伙伴中最高的。2013 年，中非贸易额突破 2000 亿美元，达到 2102 亿美元，同比增长 5.9%，其中我国向非洲出口 928 亿美元，我国自非洲进口 1174 亿美元，同比增长 8.8%和 3.8%。同时，中国企业对非投资持续增长，目前在非设立各类企业超过 2000 家，涉及农业、基础设施、加工制造、资源开发、金融、商贸物流等多个领域。

中非双方经济互补性很强，合作潜力巨大。中国政府一贯主张在"平等互利、讲求实效、形式多样、共同发展"的基础上发展同非洲国家的经贸关系。中国同非洲发展经贸关系有三个着力点：一是积极扩大非洲商品对中国的出口，中国采取鼓励措施为非洲推介自己的商品创造条件；二是要把援助和技术合作相结合，重在加强非洲自身发展能力；三是大力帮助非洲国家培训技术人员和管理人员。

我国自 20 世纪 50 年代中期开始与非洲埃及等国进行农业合作，后来扩大到农产品加工业、制糖业、纺织业、畜牧业、渔业等领域。比如马里糖联，是我国在 20 世纪 60 至 70 年代援建的两个糖厂，90 年代成为中马合资企业，利用当地的土地 4700 多公顷种植甘蔗，并加工成白糖，年产 3.8 万吨至 4 万吨白糖，效益良好，为两国作出了贡献。2008 年，利用我进出口银行优惠贷款，新建第三糖厂（新糖联），开垦蔗田规模 1.7 万公顷，年产 10 万吨白糖。合作的中方企业是中国对外轻工业经济技术合作公司——中轻对外公司（现归属中轻集团）。

（三）对非援助

中国政府真诚帮助受援国发展经济，不附加任何政治条件，不干涉受援国内政，也不损害第三国利益。至 2009 年，中国已为非洲 50 多个国家援建 900 个项目，涉及农牧渔业、轻纺工业、水利、电力、通讯、交通、食品加工等各领域。2010—2012 年，又增加了86个基础设施建设项目。

中国还为非洲国家培养了大量各类人才，减免33个非洲重债穷国对华债务。从1963年派出第一支医疗队至今，中国先后向非洲派出医务队员1.7万多人次。

中国还给予部分非洲最不发达国家输华商品免关税待遇，为非洲商品进入中国市场提供便利。中国给予非洲最不发达国家近500个税目商品零关税待遇。

自2000年中非合作论坛成立以来，中国积极在论坛框架下同非洲国家开展合作，逐步增加对非洲援助力度，有效促进中非关系全面发展。列举三个方面：

①优先促进农业发展。中国一贯重视与非洲开展农业合作。2010—2012年，中国在非洲建成了14个农业技术示范中心，另有8个技术示范中心进入规划实施阶段；派遣了大量农业专家开展技术合作；为非洲国家培训农业技术人员超过5000名。2012年7月，在中非合作论坛第五届部长级会议上，中国政府承诺援建更多农业技术示范中心，进一步加强技术培训和示范推广，帮助非洲国家提高粮食生产、加工、储运和销售能力。

②支持基础设施建设和一体化发展。基础设施一直是中国对非援助的重点领域。坦赞铁路是中国早期支持非洲跨国基础设施建设的标志性项目，建成后，中国不间断地开展技术合作，为铁路运营管理提供帮助。2010—2012年，中国在非洲援建了86个经济基础设施项目。

③推动医疗卫生合作。中国长期致力于帮助非洲国家改善医疗卫生条件。目前，43支中国医疗队分布在42个非洲国家。中国援建了近30所医院和30个疟疾防治中心，提供8亿元人民币的医疗设备物资和抗疟药品，为非洲国家培训医护人员超过3000名。

据国务院新闻中心发布的《中国的对外援助2014》，2010年至2012年，中国对外援助金额为893.4亿元人民币。对外援助资金包括无偿援助、无息贷款和优惠贷款三种方式。三年中，中国对外提供无偿援助323.2亿元人民币，占对外援助总额的36.2%；中国对外提供无息贷款72.6亿元人民币，占对外援助总额的8.1%；

中国对外提供优惠贷款 497.6 亿元人民币，占对外援助总额的 55.7%。

2010 年至 2012 年，中国共向 121 个国家提供了援助，其中亚洲地区 30 国，非洲地区 51 国，大洋洲地区 9 国，拉美和加勒比地区 19 国，欧洲地区 12 国。此外，中国还向非洲联盟等区域组织提供了援助。中国援非资金占援外总额的 51.8%。

（四）中国农业优势

中国有着长期的农林牧副渔的生产经验；有着“土肥水种密保管工”的“农业八字宪法管理”经验；有着袁隆平的高产和超级高产杂交水稻种植经验；有着兴修水利经验；有着农业逐步机械化的经验；还有着勤劳的中国农民和农业生产经营企业和研究机构，等等。

这些都是中法非农业合作的王牌优势。

四、从法国与非洲关系上看法非农业合作的潜力与途径

法国作为主要发达国家之一，具有较强的援外实力和潜力。而且法国政府历来重视对外援助问题，并将其作为外交战略的重要组成部分。随着国际形势的不断变化，法国政府不断调整援助政策、援助对象和援助方式，非洲是其援助的重点。

（一）援助规模变化

20 世纪 70 年代末 80 年代初，法国对外援助金额基本在 40 亿美元以下，对非援助则在 20 亿美元以下；80 年代末 90 年代初，法国对外援助动机和规模发生了变化，由意识形态主导转变为由多方面因素决定，而援助金额增长较快。根据 OECD 统计，1985—1994 年间，法国对外援助额从 31.33 亿美元增至 84.66 亿美元，对非援助从 14.07 亿美元增至 39.81 亿美元，年均增长率分别达到 11.68%和 12.25%。

1995—2001 年间，法国对外援助额从 84.43 亿美元大幅降至 41.98 亿美元，对非援助从 36.36 亿美元降至 15.30 亿美元，分别缩减了 50.28%和 57.92%。自 2000 年起，法国官方发展援助额又有所下降（统计不再包含两个海外省）。

2002 年法国对外援助有了转折。在希拉克总统推动下，目标是在此后五年内，使法国官方发展援助增加 50%，2007 年达到占国民生产总值的 0.5%，2012 年达到联合国确定的占国民生产总值 0.7%的要求。为此，法国政府在 2002 年秋提交的预算中，第一次将发展援助列为国家的优先计划。同时，法国政府多次在区域和国际会议上，推动发达国家增加对发展中国家的援助。当年，法国官方发展援助额增加到 54.86 亿美元，比 2001 年增长 30.68%；特别是对非援助 26.02 亿美元，猛增 70%。

2002—2006 年间，法国对外援助总额和对非洲援助金额均呈较快增长态势，五年间平均增长率分别达 17.9%和 18.66%，对非援助额增长率高于平均增速。

2007 年萨科齐总统主张，将受援国在“政府管理方面的承诺”作为对外援助的先决条件；加之法国国内日趋严峻的经济和社会形势，法国对外援助额特别是对非援助额呈较快的收缩趋势。2007 年法国对非援助额同比下降 31%，只有 35.58 亿美元，2008 年下降至 33.7 亿美元，只达到 2006 年历史最高值的 65%。2009 年法国对非援助又有所上升，达到 40.9 亿美元。

（二）非洲仍是法国援助的主要对象

2002 年以来，发展中国家在法国援助当中的地位基本呈现先升后降的态势，其中 2006 年，法国对发展中国家援助占比达到 74.7%的历史最高值，之后一路走低至 2009 年的 55.7%。对于非洲大陆国家占比下降的趋势尤为严重。2002—2006 年，非洲在法国援助总额中占比均在 44%以上，在 2003 年达到 49.2%，2008 年仅为 30.9%。2009 年有所回升至 32.5%。2002—2008 年，在法国对发展中国家援助额中，非洲占比从 71.97%持续走低到 52.16%。2009 年恢复到 58.3%。

法国对非洲援助政策以非洲为重点，在执行过程中采取普遍与重点相结合。法国对非洲54个国家和地区（包含马约特岛）均有援助，而撒哈拉以南非洲国家基本上都属于“优先援助地区”国家，可获得最优惠的援助资金。法国将援助集中在一些重点国家，其中包括那些属于法国传统势力范围的国家。2009年，法国对非援助的前十位国家和地区，除埃及外，九个国家和地区均是与法国联系紧密的法语区国家和地区。近年来，法国对其援助占全部援非的比重呈上升态势。

（三）援助方式的变动

法国对非援助资金方式大体分为无偿捐赠和贷款两类，细分包括债务减免、技术合作、人道主义援助、食品援助等。其中，无偿捐赠比例较大，在对非援助总额中所占比重均在80%以上。从其发展态势来看，在2006年达到高峰之后，呈逐年下挫的局面。2009年，法国对非无偿捐赠只有34.9亿美元。债务减免是无偿捐赠中的重要组成部分。2006年之前比重均在43%以上，2005年一度达到57%；但2007年之后明显收缩，2009年债务减免只占无偿捐赠的25%左右。

法国对非洲提供的贷款则逐年上升。2009年，法国为非洲提供贷款的数额达到29.56亿美元，为历史最高水平。2009年，法国对非多边官方发展援助额达到29.4亿美元，同比增长38%，在法国对非援助总支付额中的占比达到45.6%，这意味着法国日益注重通过与国际组织的合作向非洲国家提供援助。值得注意的是，与中国援非以成套项目和基础设施等硬件投入不同，法国更注重对非援助的软件投入，2006年至今，技术合作在对非援助净额中的比重始终在33%以上。

（四）法国对非洲援助的新情况

据《青年非洲》杂志网站2013年12月5日报道，法国总统奥朗德4日在出席“法国与非洲新型经济伙伴关系论坛”闭幕式时表示，今后五年希望法国政府计划拿出200亿欧元资金用于支持法国企业在非洲的发展项目，比2008—2013年的100亿欧元支持资金增加一倍，法国对非洲各类援助和贷款翻一番。

奥朗德提醒在非洲经营的法国企业既要注重维护自身利益，同时也要承担相应义务。今后，法国和非洲的伙伴关系将建立在三大原则基础之上：一是法国对非投资共同本土化，即法国对非投资同时能够在法国产生影响；二是法国对非发展援助机制和招标机制的透明化；三是长期的承诺。另外，奥朗德还宣布将于2014年设立“法非增长基金”，该基金将得到法国企业行动国际组织和非洲贸易组织的大力支持。

从上述情况看，法国对外援助金额在40亿至85亿美元之间变化，对非援助额在14亿至40亿美元之间，对非贷款也达到约40亿美元。另外，法国对非洲投资力度加大，由2008—2013年间的100亿欧元增至200亿欧元，即每年对非投资约40亿欧元。法国援非领域包括农业，但对非农业投资相对较少。

五、中法非三方农业合作应注意的问题

1. 在农业合作的具体领域要求同存异，达成共识。由于三方国情不同、政策各异，又各有所需，而且农业包含畜牧业、林业、渔业等，所以在农业合作具体领域要加强沟通和协商，达成共识后再去落实具体项目。

2. 根据非洲合作国家的需求做出合作计划。缺粮国家一般需要农作物种植、加工与仓储合作；沿海国家需要捕鱼合作；非洲内陆国家需要兴修水利和乡村道路等设施的合作建设。为此，要在考察调研的基础上做出农业合作计划。

3. 落实农业合作计划关键是筹集资金。非洲有关国家有土地，但缺乏资金，因而，非洲有关国家一方往往出让土地作为投入；法国有雄厚的资金实力，但不重视农业投资，即便投资农业，也是瞄准大宗商品，如棉花、咖啡、可可、橡胶等经济作物；而中方则重

视水稻、玉米等农作物种植以及畜牧业、渔业、林业开发。筹资要靠中法两方。资金渠道应是多层次的，有官方援助、企业投资、民间集资等。

4. 农业合作要注意转基因问题。尤其是不要把转基因农作物种子带到非洲。

5. 农业合作开发要注意环境污染问题。三方农业合作项目要经过非洲合作国家的环保部门核准。

6. 三方农业合作的归口管理问题。外交部、商务部、财政部和农业部以及进出口银行应设立部际国际农业合作委员会，分别负责对外农业合作的政策协调、合作计划、考察、可行性研究与立项、资金划拨与融资等事宜。对于具体三方农业合作项目，有关银行、基金和科研机构、国有和民营企业，也要适度参与进去，以便实现合作共赢的目的。

近年来，我校国际农业合作与发展研究中心，已经和英国、法国有关研究机构进行了接触和交流。虽有一定进展，但进展仍不尽如人意。我们希望借这次三方论坛的东风，争取在中法非农业合作方面做出点成绩。

六、结论

中法非三方农业合作是很有必要的，也是非洲各国迫切需要的。中法都与非洲保持了密切关系，已经提供了大量的援助，而且各自都有农业合作的资金、技术等优势。因而，中法非三方合作潜力较大，途径较多，前景看好。但由于各方历史原因、社会制度和意识形态差异等原因，笔者对三方合作尤其是农业合作持谨慎乐观的态度。

参考文献

[1]《非洲农业国别调研报告集》第1辑，中国农业科学技术出版社，2012-10。
[2]《非洲农业国别调研报告集》第2-7辑清样书稿。

[3]《青年非洲》杂志网站。
[4] 国务院新闻中心《中国的对外援助（2014)》。
[5] 法国对非洲的发展援助及其启示，论文网，2012-03-08。
[6] 新华网，http：//www. xinhuanet. com.
[7] 人民网，http：//m. people. cn/.

在非洲事务中合作：中法两国的共同探索

徐　青

国际关系学院

2013年4月，法国总统奥朗德在访问中国之际与习近平主席探讨了对非事务问题，同年12月，奥朗德总统在法非峰会之际提出要探索中法对非合作；在此之后法国多名政府高官，如外交部长法比尤斯、前总理拉法兰等，也在各种场合提到法国倡导同中国在非洲方面大胆展开合作。法国对中国在非洲的态度似乎发生了转变：从视中国为竞争对手，到可发展的合作伙伴。那么，法国为什么会发生如此转变呢？对中国的“邀请”是虚情假意还是真心而为？中法在非洲开展合作的基础和动力又是什么？合作的发展前景又将如何？

一、转变轨迹和原因

虽然2000年10月中非合作论坛（中非开展集体对话和务实合作的平台和机制）成立，但在2006年之前，法国还未像今天这样如此关注中国在非洲的存在。2006年中非峰会在北京召开，48个非洲国家的国家元首、政府首脑在北京相聚共同探索中非合作，同年中国政府发布《中国对非政策文件》，确定了“真诚友好，平等相待；互利互惠，共同繁荣；相互支持，密切配合；相互学习，共谋发展”的对非政策，拉近了与非洲的合作关系。法国突然意识到中国已在不知不觉间走进了非洲的内心，与非洲合作已然深入。法国开始担忧和恐惧，并将中国视为“劲敌”，认为中国与非洲关系的急速升温将影响法国与非洲的传统关系，同时法国国内学界和媒体开始宣扬中国在非洲“新殖民主义”和“攫取资源”的论调，如2009年1月6日，法国电视五台黄金时段播放专题片《红旗在黑色大陆》，展现中国在非洲的强大存在，片面地突出中国在非洲给法国带来的所谓的威胁；2010年，法国纪录片《中法非洲争夺战》将中国在非洲与法国的争夺描述得淋漓尽致，片中选取喀麦隆作为个案，讲述中国从政府、商人、工人乃至孔子学院，全面经营非洲，而法国则在中国的势力“崛起”面前衰退了。

2008年，美国和欧盟几乎同时提出要与中国在处理非洲事务方面加强合作，面对美国和欧盟对中国在非洲态度的转变，法国也开始思考是否能够通过合作来解决法国与中国在非洲的存在问题，并在细微之处体现出法国开始与中国在对非问题上的趋同。如2010年5月在法国尼斯举办的第25届法非首脑会议上，萨科奇总统首次邀请法非商界人士参与这一本来只有政府首脑和国际机构代表参加的官方会议，开始从经济发展入手，重新构建一种法非合作的新模式，这一举动颇有几分参考2003年中非合作论坛第二届部长级会议时举办的中非企业家大会的味道；另外，2012年奥朗德总统上台后，表明其对非政策将从传统模式转向“平等、透明与互助”的伙伴关系，这也与中国一直以来倡导的平等合作共赢相一致，这些举动表明法国在调整自己的对非模式中渐渐认可中国与非洲的相处和发展方式，在对待非洲问题上开始吸收中国的某些做法。

实际上，法国之所以对中国在非洲的存在发生态度上的转变，是经过深刻的思考，并且有着复杂的原因的：

第一，国际形势促使法国调整对非战略。

非洲对法国具有重要的战略意义。非洲与法国之间仅隔着地中海，法国的资金、技术和商品可以最便捷地源源不断地输入非洲大陆，同时从非洲大量获取自然资源和战略物资。多年来，法国是非洲地区的第一贸易伙伴。据统计，法国在非洲的市场占有率高达

21%，在撒哈拉以南非洲的市场份额为10.1%，每年对非进出口额分别达到其对外进出口总额的5.3%和5.5%，并且一直保持着贸易顺差。另外，2013年法非峰会上奥朗德总统提出，如果今后5年法非贸易量翻一番，将为法国创造20万个就业岗位。没有非洲，法国就无法维持其世界大国的重要地位。

20世纪末以来的十多年，非洲经济快速增长，展现出了良好的经济活力，正如世界银行所言“如同30年前的中国和20年前的印度，非洲正处于经济起飞的边沿”；非洲丰富的资源和广阔的待开发的市场，使非洲在国际上拥有更多的话语权，并且吸引着世界多个国家的目光。非洲大陆地域辽阔、市场广阔、资源富集、发展潜力巨大，随着全球化的推进，更多国家正在积极关注并投身非洲事务，非洲越来越成为世界各大国争夺的对象。最近十几年期间，一系列的对话合作平台建立，如美非峰会、欧非首脑会议、法非首脑会议、东京非洲发展国际会议、印非首脑峰会以及中非合作论坛等，都凸显出各个国家对非洲的“青睐”。面对各大国对非洲的“攻势”，法国认识到虽然非洲与法国有着千丝万缕的血脉联系，但仅凭目前的对非政策已经无法适应现实的挑战，面对非洲更加响亮的要求独立自主的声音，法国想要维护其在非洲既有的地位和利益，必须摒弃传统思维，调整其非洲战略，选择合适的伙伴在更多领域展开共同合作，而选择与中国对非事务进行合作，开拓中法对非合作新领域也是法国调整非洲战略的其中一个方面。

第二，国内现状促使法国选择合作路径。

2008年全球金融危机和2009年以来的欧洲主权债务危机深刻地影响着法国，使法国的国家实力受到严重削弱，法国经济持续低迷，失业高企，政府债务负担沉重，劳动力市场僵化，改革艰难，陷入二战以来最严重的经济困境，在非洲的传统地位也受到影响和牵连。在这种背景下，法国外交预算大幅削减，外交政策的资源和手段受到限制。法国认识到，无论是在国际事务还是非洲事务上，法国都越来越难以单独行事，需要通过加强与其他国家的合作来完成自己的外交政策目标。2012年，法国总统奥朗德上台执政，面对国内的艰难境地，奥朗德选择“经济外交”理念，奉行“外交为经济服务”的外交策略。法国此次抛出中法在非洲合作，一方面强调法国作为非洲市场跳板的作用来吸引更多中国资金进入法国市场，促进法国的就业；另一方面，在缺乏资金的情况下，法国可以与中国在非洲市场进行互补，利用其对非洲市场和政府的了解，与中国政府合作开发非洲市场，以增加出口和竞争力，从而使法国经济尽快走出欧债危机的困扰。

第三，中国是最佳合作伙伴。

1. 开放的胸怀。在全球化深入推进，和平与发展的时代主题下，中国作为世界上最大的发展中国家，一贯本着开放的态度同其他国家在对非援助领域开展交流互鉴，探讨务实合作，共同致力于非洲发展。中国对非战略与政策具有寻求多边合作的开放性，中国可以与法国及其他欧美国家建立建设性的对非合作沟通与对话机构。

2. 畅通的磋商交流。法中双方就非洲问题一直保持定期交流磋商的传统，2015 年 5 月中法双方已经就非洲事务展开了第十轮的磋商。另外，中法两国的战略性对话中也会提到非洲问题，两国在联合国安理会上也经常就非洲问题交换意见，法国外长等官员访华时也都谈及非洲问题，这种沟通方式有利于中法在非洲展开合作上探讨和寻找谈话空间，及时解决合作过程中出现的问题。

3. 稳定、全面合作的双边关系。作为第一个同中国正式建交的西方大国，法国已与中国携手走过半个世纪，并在西方大国中率先同中国建立全面伙伴关系和全面战略伙伴关系。中法双边关系的稳定发展将为中法对非合作提供政治推力。2012 年 5 月法国总统奥朗德上台后，中法关系更加深入稳定。法国总统奥朗德 2013 年 4 月访华，中国国家主席习近平 2014 年 3 月访法，实现了一年内互访。截至 2015 年 5 月，法国外长法比尤斯已十度访华，这在外长一般访华两三次的法国外交史上，堪称史无前例。中法互为重要的贸易伙伴国，据中国海关总署统计，2014 年中法双边贸易额 557.9 亿美元，同比增长 10.9%。中法两国已在过去的 50 年中，在政治、经济、文化、科技、新能源等各个领域全面开展合作。目前，非洲问题是中法关系面临的一个新的挑战，非洲问题如果不能顺利解决好，则会影响中法之间的关系。将非洲问题转化为中法之间可以合作共同发展的一个领域，双方进行探讨，将促进中法开拓新的合作领域，对中法关系的发展有利。

二、合作的基础和动力

那么，中法两国能否开展对非合作呢？本文认为中法两国共同开展对非合作不仅具有基础和动力，而且具有重要的现实意义。

（一）基础和动力主要体现在以下四个方面

1. 一致的世界观和利益诉求

长期以来，中法两国有着一致的世界观和利益诉求。在国际舞台上，两国均本着独立自主的原则，谋求建立多极世界体系，反对任何国家建立有损世界和平的单边秩序。在非洲和平与发展议题上，中法两国拥有一致的关切点，那就是要帮助非洲成为和平、稳定、繁荣的非洲，因为恐怖主义、战乱不仅影响非洲的发展、非洲人民的生活，也影响着中法两国在非洲项目的开展和落实，只有非洲和平稳定，中法两国才能在非洲发展，这也是中法两国对非合作的强大动力。

2. 优势互补

法国虽然受金融危机和欧债危机的接连打击，资金缺乏，但法国是非洲的前宗主国，在非洲有着长期以来的传统影响力；非洲与法国拥有共同的语言体系，沟通交流更便利；殖民历史以及法国对非洲国家教育的影响使非洲国家已习惯法国的价值体系等；中国在全球化背景下，经济发展稳定，因与非洲同属发展中国家，建立起平等真诚的兄弟合作关系，但却因不够了解非洲价值观、法律体系、生活习惯等，与非洲在合作过程中出现了很多问题。中法两国可以各自发挥自身的优势，在推动非洲基础能力建设、非洲农业和食品安全、非洲教育与人力资源培训、非洲国家能力建设、非洲安全维护与预防战争、非洲警察训练和防务等领域开展合作，共同推动非洲发展。

3. 共同推动世界文化多元化发展

中国和法国都拥有悠久的历史、兼容并蓄的文化传统以及深厚的文化底蕴。冷战后，面对英语在世界上的文化建构和冲击，中国和法国都以文化大国的姿态与胸襟积极维护世界文化的多样性，推动世界多元文化的发展，“法语联盟”和“孔子学院”为非洲认识多种文化提供了培训和学习的场所，促进了世界多元文化的推广和发展。

4. 非洲的需要

进入21世纪后，非洲在十几年中经济一直稳定发展，是世界上发展速度最快的大陆，但是，目前发展的需求与基础设施建设、市场环境以及技术水平等现状不匹配，个别国家政治动荡、恐怖袭击时有发生、海盗行为猖獗，非洲的国家和社会安全局面有待改善，非洲需要世界各个组织、各个国家的帮助，来更好地迎接未来的挑战，实现自身的发展。

（二）中法在非合作的现实意义主要体现在以下三个方面

首先，中法在非合作有利于世界和平稳定大局。中法在非合作将探讨和覆盖多个领域，包括经济、文化、安全等各个方面，非洲将会在与中法的合作中，加快自身的经济发展和安全进程，非洲的安全发展将为人民安心稳定的生活提供保障，同时，作为战乱和贫穷居多的大陆，非洲的发展与稳定在全球化深入发展的今天，将对世界的和平与发展有重要的意义。

其次，中法在非合作有利于中、法、非三方经济共同发展。在世界格局不断发展变化的背景下，中国随着国力的增长，国际地位不断提升。而法国深陷金融危机和欧债危机困扰，经济在恢复中。非洲是充满希望的大陆，虽然经济水平低，但却已经成为世界经济增长速度最快的大陆，相信中法在非合作，不但能够带来非洲当地基础设施建设和完善，经济水平的提升，而且能够为中国和法国提供更广阔的国外市场，成为两国经济发展的可靠支撑。

最后，中法在非合作将对今后探索与其他国家在非洲共同合作提供借鉴。中法在非合作是一种新模式的初步尝试，这种尝试不仅需要三方的勇气和努力，不仅需要三方的共同配合，还需要在冲突和竞争面前以发展和共同目标为指导，三方都要适当作出让步和牺牲。如果这种模式尝试成功，将会对其他国家在非洲开展多边合作提供借鉴，更能为在国际共同热点问题和事务中尝试合作提供借鉴。

三、未来应思考的问题

2014年中法两国共同发表《中法关系中长期规划》，在国际和全球问题中提到："(三)加强在非洲事务上的双边对话，为非洲国家实现非洲稳定与发展提供支持和配合。加强在非洲事务上的司局级磋商，重点推动地区一体化和非洲和平与安全建设。(四) 增进在发展问题，特别是非洲发展问题上的对话与合作……"；2015年7月，李克强总理访问法国期间，中法结合双方在产能和装备制造、高端技术方面的优势，就对接发展中国家基础设施建设需求，共同开拓第三方市场达成共识并发表第三方市场合作联合声明，声明中指出，中法两国企业将遵循互补、互利、开放、包容的原则，重点在非洲和亚洲寻找合作机遇，并在基础设施和能源、航空、交通、农业、卫生、工业园区、金融和保险、应对气候变化这8个领域展开合作。以上都表明中法两国在对非合作问题上是持一致的态度的，中法两国今后应在探索对非合作的过程中应处理好以下三个问题，才能将合作做实做深。

1. 处理好非洲角色是考验

中法对非合作其实是涉及中国、法国和非洲三方的合作，非洲是合作的对象国和实际操作地，所以在讨论中法对非合作问题上，不应该绕过非洲。因此，中法两国在探讨对非合作时，处理好非洲角色问题是最大的考验。中法在寻找合作领域、探讨合作时应该先了解非洲国家的需求，以对非洲国家透明为原则，从非洲发展的角度上出发，开拓对中国、法国和非洲都有益的合作领域。

2. 猜忌和竞争意识是阻碍

任何合作都隐藏着竞争，重要的是消除猜忌，求同存异。法国一方面提出共同对非合作，一方面散发“中国威胁论”、“资源掠夺论”等批评之声，不绝于耳。两个国家要想达成全方位的统一是非常困难甚至是不可能办到的事情，要想在非洲合作问题上成功，首先要从思想上排除表面一套背后一套的想法，去除猜忌，才能在互相包容、政治互信的基础上避免将合作过程中简单的经济问题作过度的政治化解读。

3. 合作向深度和广度提升是困难

美国和欧盟是走在法国之前，率先提出与中国在非洲领域内开展合作的想法的。但目前几方的合作仅仅停留在个别的小的合作案例上，大范围的合作进展并不顺利。其他方面的合作虽然也有探讨、交流和共识，但在推进时却也因为与非洲关系构建模式的不同、在对外援助和发展援助问题上采取不同的方式和标准等原因，而存在实际的困难。中法对非合作问题应该以中美非和中欧非合作现状为经验进行具体分析，在处理各方利益方面秉承“求同存异、合作共赢”的理念，从而探索中法非在更深更广领域内的对非合作。

总之，作为一个正在崛起以及维护世界和平稳定的大国，中国应该接受法国提议的“在非洲共同合作”的邀请，了解并尊重非洲需求，与法国一起真诚探索一条中、法、非三方共同合作之路，从而为实现非洲的和平与发展，世界的和平与发展努力。

参考文献

[1] 游涛．论中法在非洲的利益冲突与合作共赢[J]．法国研究，2009（1）：63-65.

[2] 门镜，本杰明·巴顿．中国、欧盟在非洲：欧中关系中的非洲因素[C]．社会科学文献出版社，2011.

[3] 李洪峰．萨科齐时期的法国对非政策：难以实现的“决裂”[J]．国际论坛，2012（4）.

[4] 周弘．欧洲发展报告（2012—2013）欧洲债务危机的多重影响[R]．社会科学文献出版社，2013.

[5] 焦旸，Desire BESSAN. 浅析法国对非政策的三次重大转

变[J]. 青年文学家，2013（36）.

[6] 刘成富．法国何以成为中非合作的战略伙伴？——中、非、法三方合作模式探索与思考[J]. 人民论坛·学术前沿，2014（14）.

[7] 刘云．非洲与外部世界关系的历史变化[C]. 世界知识出版社，2014.

[8] Andrésy Agnès et al.，《La Chinafrique，mythes et réalité》，Études 9/2010（Tome 413）151-162.

[9] François-Xavier Verschave，La Françafrique，le plus long scandale de la République [M]. Editions Stock，2012.

[10] Ferhat Mehenni：Afrique，le casse-tête français. La France va-t-elle perdre l'Afrique? [M]. Editions de Passy，2013.

中非法律合作之现状研究与案例分析

曹　鹏

重庆工商大学

“志合者，不以山海为远”，由于中国和非洲国家在经济上具有较强的互补性，以及双方政府为推动中非经济合作所做出的巨大努力，中非之间的贸易与投资一直呈现快速增长态势。特别是2013年中国国家主席习近平对非洲各国的访问，极大地推动了中非关系的发展。随着中非共同利益的拓展，相互需求的增加，中非贸易额的持续扩大，相伴而生的诸多法律问题也严重制约着中非商事往来的良性发展，甚至影响到国家间的友好关系。因此两地之间亟须了解彼此的法律制度，加强和扩大中非法律交流与合作成为当务之急。

从总体上看，中华人民共和国成立后对非洲的研究和交流可以划分为三个阶段。①

第一个阶段：从1949年至20世纪70年代末。这一时期，中非交往仅局限在一般性的知识传播和友好性的跨国援助中，国内主要是研究非洲的政治、经济和国际关系等。

第二个阶段：20世纪80—90年代。在改革开放政策的指引下，随着对外交往发展的需要，这一阶段中国的非洲研究获得了长足的发展，成果颇丰，各种专业性的研究开始涌现，法学界对非洲法的研究开始加强。

第三个阶段：2000年至今。“中非合作论坛”首次召开，掀起

① 洪永红、郭炯．非洲法律研究综述[J]．西亚非洲，2012(5)：42-43.

了中国非洲研究的高潮。从此，非洲研究逐步由政治取向转为学术取向，研究领域由窄到宽，多领域的科研与合作开始显现。

本文首先对近年来中非法律合作的历史进行回顾，希望通过对近期中非法律领域交流活动的概述来总结中非法律合作的特点，然后通过对具体案例的分析，找出现实中严重制约中非经贸发展的法律问题，进而看到当前中非法律合作的不足之处，并尝试从中得到启示，探寻中非法律合作的未来方向，从而指导经贸实务，实现借鉴合作、互利共赢。

一、中非法律合作的历史回顾

实际上中国和非洲国家的法律交流和合作有长远历史，有学者认为，中非之间的法律交流与合作始于 1955 年亚非会议的召开，① 大致可分为三个阶段。

（一）援非时期的中非法律合作

第一阶段从 1955 年至 1978 年，中国与非洲国家之间的法律合作由来已久。早在 1955 年的亚非会议上，中国提出处理国际关系的十大原则，得到埃及、利比亚等与会非洲国家的认同，由此奠定了中非法律合作的基础。这一时期，中非之间的法律合作主要体现在带有较强政治外交色彩的双边协议上，具体涉及建立外交关系的联合公报、中国向非洲国家派遣医疗队的议定书、经贸合作协定和文教科技合作协定等。

20 世纪 50 至 70 年代，是中国对非援助时期。新成立的中国面临美、苏两个大国的军事威胁和经济封锁，承受巨大的国际压力，中国需要找到新的外交支点。彼时，非洲大陆民族解放运动进入高潮，寻求建立独立主权国家。基于国家安全利益的考虑，中国将非洲国家视为国际统一战线阵营的重要盟友。因此，巩固和加强与包括非洲在内的广大第三世界国家的团结与合作，成为打开中国

① 洪永红．中非法律合作今昔［N］．人民日报，2006-06-23.

外交新局面的一个基本立足点。这一阶段中，体现中非法律合作的双边协定大多带有较强的“援非”特点。此后的“文革”期间，中国外交受到国内因素的严重干扰，与中国保持外交关系的国家数量明显减少。

（二）改革开放后的中非法律合作

第二阶段从 1978 年至 2000 年。1978 年，中国政府确立了以经济建设为中心实行改革开放的基本路线，并明确提出在平等互利基础上积极发展同世界各国的关系，寻求国民经济的快速发展。1983 年，中国政府确立了中国对非洲经济技术合作的“平等互利、讲求实效、形式多样、共同发展”四项原则，它成为新时期中非关系的基本原则。这一时期的中非关系更注重互利互惠和经济效益，从此中非关系由“援助”开始转向“合作”。

在这一阶段中，特别是 20 世纪 90 年代后，随着中非间贸易与投资的快速增长，中非法律合作有了新的发展，主要体现为双方签订的具有明显法律特征的双边协议不断增加。例如，中国与埃及、毛里求斯等国签订的关于对所得避免双重征税和防止偷漏税的协定，中国与南非、尼日利亚和苏丹等国签订的关于相互鼓励和保护投资的协定，中国与突尼斯等国签订的关于民事和商事司法协助的条约，中国与埃及等国签订的关于民事、商事和刑事司法协助协定等。这些协议，标志着中非法律合作不再具有较强的政治外交色彩，开始进入专业化、机制化的历史新阶段。

（三）以中非合作论坛为标志的新时期的中非法律合作

第三阶段从 2000 年至今，主要体现为中非合作论坛成立后，中非法律交流与合作已成为中非合作的重要组成部分，中非法律交流与合作进一步深化，形式更为多样。

自 20 世纪末开始，随着全球化进程的深入和世界经济的发展，中非双方均认识到，以往中非对话与合作局限于国与国之间双边渠道，已经难以满足彼此发展的需要，中非之间应该成立类似法非首脑会议、英联邦会议、美非经济与贸易合作论坛、日本东京非洲发展国际会议和欧非首脑会议的高层联系机制，通过集体对话就共同关心的问题加强磋商与交流，共同应对全球各种挑战。在这种情况下，1999 年 10 月，江泽民同志倡议召开中非合作论坛会议，得到非洲国家积极响应。次年 10 月，中非合作论坛首届部长级会议在北京隆重召开。中非合作论坛的创立标志着中非关系开始由政治、经济主导型转向全方位发展。①

在法律领域，第四届中非合作论坛部长级会议上通过的《沙姆沙伊赫行动计划》中，中非双方决定适时举办“中非合作论坛—法律论坛”。此后，作为中非法律交流与合作里程碑意义的重大活动，首届中非合作论坛—法律论坛于 2009 年 12 月 20 日在埃及首都开罗举行。首届论坛的主题为“加强中非法律交流，促进中非关系全面发展”，来自中国和 20 多个非洲国家的近百位法学家和法律事务从业者围绕法律在中非合作中的重要作用、各国法律制度对中非贸易投资关系的影响、中非贸易和投资争端解决机制等问题进行了研讨。本次法律论坛谱写了中非法律交流与合作的新篇章，正如中国法学会党组副书记、常务副会长、全国人大内务司法委员会委员刘飏在接受记者采访时所说：“在中非关系全面发展的历史时期，法律领域的合作是不可缺少的。我们倡导成立这一论坛的宗旨就是要给中非法学界搭建一个长效平台，加强对各国之间法律体系和制度的了解，并通过了解增进合作，为中非经济贸易的发展提供法律支持和帮助。”②

此后，2010 年 9 月 16 日和 2012 年 12 月 6 日分别在北京和毛里求斯路易港召开了第二届和第三届“中非合作论坛—法律论坛”。2013 年 11 月 18 日至 20 日，最新一届，即第四届“中非合作论坛—法律论坛”在津巴布韦维多利亚瀑布城召开。本届论坛由中国法学会和津巴布韦总检察长办公室共同主办。论坛主题为

① 徐伟忠、余文胜、杨之桄．中非合作论坛的现状与前景[J]．现代国际关系，2012（6）．

② 冯康、王薇．首届中非合作论坛—法律论坛在开罗举行[EB/OL]．[2009-12-21]．http：//www.gyxww.cn/NEWS/GJ/200912/45520.html.

“践行法律外交，提升中非关系至新高度”。来自中国、津巴布韦、安哥拉、阿尔及利亚、厄立特里亚、尼日利亚、塞舌尔、塞内加尔、南非、坦桑尼亚、赞比亚、南部非洲共同体、非洲联盟等十几个非洲国家和地区性组织的近百名代表参加了论坛。

2013 年 3 月，中国国家主席习近平首访选择非洲，再次证明中国对发展中非关系的高度重视。中非合作论坛是中国和非洲国家开展集体对话的重要平台。中非法律论坛成立于 2009 年，是中非合作论坛的重要组成部分。法律论坛虽然成立晚，但是发展快，定期召开的“中非合作论坛—法律论坛”，不但是中非友好合作的重要组成部分，而且为双方加强法律和司法领域的交流合作搭建了长效平台，已经成为中非法学法律交流的主渠道。它还为中非新型战略伙伴关系的发展注入了新的活力。

除此之外，中非间的法律交往活动还有许许多多，如 2004 年 10 月，中非人权研讨会在中国举行，来自多哥、中非、南非等 27 个非洲国家的代表及非洲驻华使馆官员与会。会议就“人权与主权的关系”、“司法实践中的人权保护”和“国际人权合作”三大主题进行了深入讨论。2005 年 9 月，第二十二届世界法律大会在北京和上海举行，莫桑比克、尼日利亚、赞比亚等非洲国家最高法院院长或大法官与会。这是继 1990 年世界法律大会首次在北京举行以来，在中国第二次召开的世界法律大会。大会围绕“法治与国际和谐社会”这一主题，就法治、人权、反恐和司法等 22 个专题进行讨论，达成了广泛的共识。这些法律交流活动都具有鲜明的地区特色和极其深远的意义。

二、当前中非法律合作的困境

中非合作开展较早，但规模小，范围有限。2000 年中非合作论坛设立后，中非经贸关系进入快速发展阶段，经贸纠纷也开始大量出现。中非双方政府都意识到开展法律交流与合作对解决经贸纠纷的重要性，在历届中非合作论坛部长级会议上通过的文件都提出，双方要加强立法、司法部门的交流与合作，妥善解决中非经贸纠纷与摩擦。但就目前而言，中非之间的实质性法律合作开展还较少，还远远落后于中非之间经贸合作的规模和速度。

（一）缺乏有效的双边或多边司法合作机制

2012 年，国内许多重要网络媒体如人民网、新浪网等都报道了在义乌经商的苏丹商人穆罕默德因拖欠当地商户 1100 多万元货款而“跑路”的事件。其中有位中国商户的损失高达 80 万元人民币。自 2010 年以来，由于欧债危机影响，国际经济形势不佳，义乌已发生多起外商因支付不起货款而“跑路”的事件。在外贸疲软的情况下，为了增加出口额，许多义乌商户在同外商进行交易时都采用了赊销方式。这种方式会给当地商户带来极大风险，因为一些外商在当地获得货物后，往往离开中国，导致中国商人很难追讨货款。

通过笔者调研了解到，国内许多外贸企业都有把货物发送给非洲国家的客户后，遭到恶意拖欠货款而难以追讨的问题，而这是在与欧美客户交易时极少出现的情况。例如上海缔屹国际贸易有限公司，一家主要从事农用化学品及相关产品的进出口业务中小型民营企业，因中非贸易的快速发展，近年来开始大量拓展非洲市场，但仅 2013 年一年中因上述问题，损失货款就高达 60 万美元，在与非洲有贸易往来的同类企业中非常具有代表性。

以上两个案例充分说明，目前中非之间的国际司法合作机制还比较薄弱，影响经贸法律纠纷的快速解决，在跨国贸易活动中受到侵害的企业很难通过司法救济的途径获得赔偿，同时也不利于打击违法犯罪活动。例如，中国仅同摩洛哥、阿尔及利亚、突尼斯和埃及四个北非国家签订有双边民商事司法协助条约，仅同纳米比亚、阿尔及利亚、突尼斯、南非、埃及签订有刑事司法协助协定，仅同纳米比亚、阿尔及利亚、莱索托、突尼斯、南非、安哥拉签订有引渡条约。① 另外，虽然中国同 32 个非洲国家签订有双边投资保护

① 洪永红、田雷．中非与中欧国家间司法协助条约之比较[J]．全球化时代的国际经济法：中国的视角国际研讨会论文集（下），2008（5）．

协定，但实际生效的只有 16 个。① 从条约数量和所涉及的国家来看，还极为有限。而且一些非洲国家在执行上述条约机制时，措施不力，渠道不畅，导致涉外案件，主要是民商事案件的审理费时较长。因此，缺乏有效的双边或多边司法合作机制，不利于中国同非洲国家在民商事领域、共同打击犯罪中进行有效的司法合作，导致跨国商贸中中非双方当事人，特别是中国企业的合法权益难以得到保障。

（二）中非行政执法部门少有实质性法律合作

随着中非民商事交往的日益频繁，法律纠纷也日益增多。在中非民商事往来中，不但有非洲人在中国进行违法或犯罪的行为，也有中国人在非洲国家进行违法或犯罪的行为。

2012 年 10 月 11 日，加纳官方拘捕了 90 多名涉嫌非法采金的中国人，并在行动中射杀一名 16 岁的黑龙江少年。一个不可回避的事实是，加纳的大多数中国“黄金矿工”属于“三非人群”——非法入境、非法居留、非法工作。根据加纳政府的规定，25 英亩以下的金矿只能由加纳人本国人开采；河流 100 米的范围内不允许外国人挖金。目前，中国在加纳仅有 6 家公司属合法采金，其他都是非法。一般学术统计认为，非洲目前有 100 多万中国人（包括已入籍华人），但学界普遍认为该数据严重低估了实际情况。由于绝大部分的非洲中国人为流动性非常大的建筑工人和小商贩，其中又有很多人无居留资格，加上统计机构和制度的不完善，以及非洲各国动荡不安，因此很难确切统计中国人具体数量。2007 年新华社的报道指出，有高达 75 万的中国人在非洲“超期”居住或工作。无独有偶，广州是非洲人在中国最集中的大都市，广州地方政府智囊团、广州市社会科学院城市管理研究所调查结果表明，在广州留学或者是工作，滞留期超过 6 个月的非洲人在 2008 年有 2 万人，但是如果把非法滞留及频繁短期出入境的人加起来，“实

① 朱伟东．中非贸易与投资及法律交流[J]．河北法学，2008（6）：177.

际人数”应该在20万人左右，这相当于广州户籍人口的2%。①

不论是在中国还是在非洲，目前“三非”问题日益严重，除了带来管理上的难题外，还埋下了诸多违法犯罪的隐患。由于缺乏实质性的双边合作，各国行政执法部门单独管理处置“三非”人员难度大，效率低。如许多非洲国家驻华使领馆核实人员身份时间长、效率低，不利于“三非”人员的遣返。而且大规模的单边整治活动，不好把控事态发展，容易激起双方国民间的对立情绪，甚至影响国家间的友好关系。由“三非”问题产生的非法经营甚至暴力犯罪等诸多法律问题，严重影响了中非经贸关系的良性发展。

（三）双方当事人不了解对方法律，法律界亦无法提供有效的法律服务

2012年8月4日，位于赞比亚南部地区的锡纳宗圭市的一家中资煤矿企业，因劳资纠纷遭到当地工人冲击，造成中国籍员工1死2伤。当天，在中资公司经营的科蓝煤矿，据称约有400名矿工以“要求提高工资”为理由，举行示威活动，并袭击了矿上的管理人员。一名50岁的姓吴的中方管理人员，在逃往井下躲避时，被示威矿工推向他的矿车击中死亡。② 应该说，煤矿的劳资纠纷在赞比亚，甚至在非洲不是一个孤立的事件，类似的矛盾时有发生，只是此次事件的冲突尤为激烈而已。

非洲是世界法律的“万花筒”，世界上的一些主要法系都曾在非洲大陆粉墨登场。对于许多中国人而言，非洲各国法律复杂多样，难以理解。而许多非洲人对中国法律同样缺乏了解。因此，当出现法律争议时，双方就会因不了解对方法律而感到无所适从，从而导致争议久拖不决，直至“引爆”此类暴力事件。在中国对非经贸投资欣欣向荣时，一些中方企业或是个人由于不了解当地的法律，经常与非洲雇员发生冲突，官司不断，常见的有不签合同、不

---

① 陈言.20万非洲人在广州寻梦[J].东洋经济周刊，2010(1).

② 任杰.赞比亚一家中资煤矿发生冲突致中国籍员工1死2伤[EB/OL].(2012-08-04)[2012-08-07].http://news.cntv.cn/20120807/102861.shtml.

交保险、节假日不休、不付加班费以及工资标准低于所在国最低保障工资等。虽然有些劳资争议是因当地雇员自身原因引起的，但是中国企业未能遵守所在非洲国家的劳动法律制度也是许多冲突的重要原因之一。①

正是这些法律困境迫使中国的民企和政府开始反思自己的行为方式。非洲大陆曾经历了百年殖民，许多国家虽然政治动荡，但却有一套沿袭于西方的法律体系，所以，在经济发展较为落后的非洲，百姓们都知道用法律维护自己的权益。由此，对在非洲贸易投资的中国企业而言，熟悉当地投资环境，不再仅仅是了解当地的民俗习惯，或者盖几所学校做些慈善事业来争取社区合作，而是需要更多地深入了解当地的法律法规、熟悉政府的运作。究其表面原因，固然是中国企业不了解当地的法律，从而引发种种冲突，但就目前法学研究者或者法律人的专业知识而言，无法给在非洲从事经贸活动的中国企业提供实务方面的法律服务与咨询也是客观存在的现实。

三、加强中非法律合作的实现途径

随着中非共同利益和相互需求的扩增，加强中非法律交流与合作，不仅能保障中非经贸活动的健康发展，为中非法学法律界的密切交往提供一个良好的平台，而且对于增进中国同非洲国家的相互理解和信任，促进中非共同发展，建设持久和平、共同繁荣的和谐世界具有重要意义。所以，今后中非之间法律合作的进一步加强不仅需要政策和理论的指引，还应在实践中把握以下三条具体途径：

首先，中非之间急需加强双边或多边司法合作机制建设，以加快涉外经贸法律纠纷的解决，共同打击违法犯罪活动，只有这样才能有效地保护中非双方当事人的合法权益。中国外交部、商务部、司法部等部门应积极同非洲国家开展谈判，逐步扩大司法协助条约

① 朱伟东．中国与非洲民商事法律纠纷及其解决[J]．西亚非洲，2012(3)：74-75.

和投资保护协定的非洲缔约国范围，并通过中非合作论坛以及其他外交途径协商推动缔约国健全国内的司法协助机制，提高司法协助实效。使中非之间的司法合作纳入到常态化、机制化轨道。

其次，中非之间应开展更宽泛更深入的法律合作，即中非行政执法部门应加强交流与合作，联合打击违法犯罪活动。中非执法部门之间的合作必须强调实质性和有效性，绝不能只是停留在条约文本的签订。例如中非之间的移民部门、工商部门、警察部门等可以开展合作，共同打击非法劳工及非法经营等，并签署双边或者多边条约，建立相互遣返快速处置机制。以深入合作的方式开展行政执法，治理日益严重的“三非”问题，打击非法经营活动，不仅不会破坏中非传统友谊，反而可以提升法律服务，巩固双边关系。

最后，开展对非洲法的研究，是中非法律合作不可或缺的步骤。当前，相较中非之间学者在政治、经济等领域开展的交流与合作而言，中非法学者之间的交流与合作还非常少，基本上都是在中非法律合作论坛的平台上进行的，不利于就专门法律问题展开针对性的交流与对话。应该通过各种方式加强中非法律合作论坛成员国相互间的学习与交流，增进了解。主要形式有：与更多非洲国家签订互认学历的双边协定，定期互派法律专业留学生，培养了解非洲法律的专业人才；定期召集专题法律会议，对突出的专门法律问题开展交流与合作；建立常设性的中非公检法司事务人员的交换培训机制等。① 在此基础上，开展法律服务领域的合作，特别是为中国在非企业提供法律实务方面的服务与咨询，从而营造更良好的中非法律合作氛围。

四、结语

综上所述，目前中非双方的法律交流与合作尚处在起步阶段，实质性合作开展不足，法学界的研究也多局限于理论层面的宏观视

① 王运泽．携手同行——中非人民友情写真[M]．北京：世界知识出版社，2006：113.

角，难以为在非洲贸易投资的中国企业提供法律实务上的服务与支持。因此，中非法律合作需要向大规模、宽领域和深层次推进，以便为双方民商事往来的良性发展提供制度保障和人才储备，进而更快推动双边关系发展，建设互利共赢的中非新型战略伙伴关系。

中非手工艺合作初探

刘天南
国际关系学院

一、引言

21 世纪以来，国内逐渐有不少学者对中非艺术交流及对非人力资源培训作研究与思考，但主要集中在对非洲艺术的介绍以及中国对非教育、医疗、农业技术培训等方面，而少有关于工艺技术交流合作方面的内容。相关文献主要有解飞的《中国同非洲国家的文化交流与合作》① 一文对 2000 年以来中国与撒哈拉以南非洲国家的双边文化交流合作及其困难、特点以及建议进行了概述；刘鸿武的《非洲文化研究综述》② 对 1978—2011 年间中国大陆对非洲艺术的出版物和研究成果进行了详细的梳理；陈雨前等在《中国、非洲与阿拉伯国家间陶瓷艺术与“景德镇学”交流活动综述》③ 中首次提及中非工艺技术交流。而在人力资源与中非技术合作方面，刘青海等的《中非技术合作的回顾与反思》④ 对 20 世纪 50 年代至今的中非技术合作进行了梳理并对其中存在的问题进行了反思

---

① 解飞．中国同非洲国家的文化交流与合作[J]．西亚非洲，2006(6)．

② 刘鸿武．非洲文化研究综述[J]．西亚非洲，2011（5）．

③ 陈雨前．中国、非洲与阿拉伯国家间陶瓷艺术与“景德镇学”交流活动综述[J]．陶瓷学报，2014（6）：35.

④ 刘青海．中非技术合作的回顾与反思[J]．浙江师范大学学报（社会科学版），2011（1）：36.

与对策研究；王新影的《中国对非援助成果及面临的挑战》① 对当前中非的合作成果和挑战作了全方位的剖析；以及栗子等发表的新闻报道《柔韧丝竹串起中非友谊——非洲手工艺者浙江拜师学艺》② 对在中国境内首次举办的对非竹艺技术培训进行了报道。此外，李安山的《中非合作的基础：民间交往的历史、成就与特点》③ 对中非民间交往的历史、机构、领域进行了细致的研究。

传统手工艺是一种就地取材的技艺，中国工艺技术历史悠久，门类繁多，但目前面临市场转型期。而当代非洲艺术品品种也不少，但水平精湛的种类不多，多限于木雕，面具等，其主要原因在于其自然资源开发利用率低。因此中国未来在对非人力资源培训方面与人文交流方面，可充分考虑传统手工艺，这具有多重现实意义：一方面，它可以把非洲资源与培训、就业结合在一起，为非洲解决实际问题；另一方面，它可以促进中非民间交流，增进中非之间的相互了解，同时还能为弘扬中国传统文化和艺术获得新渠道。

本文试从中非手工艺的合作与培训援助的条件、原则、方式以及操作难点入手展开分析。

二、中非传统手工艺合作动因

中非手工艺合作动因是双向的：非洲有相关需求，中国有相关技术和条件。

（一）非洲国家对中国援助需求有新变化

随着中国成为世界第二大经济体，尤其在近年来欧美等西方

① 王新影．中国对非援助成果及面临的挑战[J]．国际参考研究，2013（7）．

② 栗子等．柔韧丝竹串起中非友谊——非洲手工艺者浙江拜师学艺[J]．文化交流，2014（8）．

③ 李安山．中非合作的基础：民间交往的历史、成就与特点[J]．西亚非洲，2015（6）．

发达国家由于经济危机无法在短期内进一步扩大对非援助规模的情况下，非洲国家开始对中国提供的援助有了更多的新要求和变化，具体体现在：1. 申请援助的国家数量显著增加，同时对中国援助的质量和水平要求日益提升。2. 援助领域由传统的基础设施建设、农业、卫生等重点领域逐渐转向对教育、科技合作、人力资源管理、环境保护等领域的渴求。3. 非洲国家已不满足于单纯获取援助，而希望通过援助带动中非之间的贸易和投资合作，尤其是对非直接投资，以解决非洲经济发展中的融资难题。因此，非洲国家存在着对中国技术援助和人力资源培训需求极大的动因。

（二）非洲大陆的社会经济结构、人口与自然资源状况等提供了机遇

1. 解决青年教育与就业的问题是当前非洲各国首要考虑的要务。当前非洲年轻人口比重大，2010 年非洲 15~24 岁的青少年约为两亿，2050 年预计达到 4.5 亿。非洲开发银行指出，大约仅有 10%~15%的青少年能够获取正规工作机会，因此，人口红利的释放需要多方面共同努力才能实现。根据中国商务部网站的数据显示，在失业率方面，2012 年仅北非就达到 23.8%，而撒哈拉以南非洲成人失业率为 5.9%，其中青年失业率为 11.8%，部分国家如纳米比亚青年失业率达 58.9%。技术型人才缺失及受教育程度低是非洲失业率高居不下的重要原因。中国可以通过就地取材，帮助培训非洲手工艺人才，提高非洲手工艺生产的现代化程度，能帮助非洲解决一部分青年的就业问题。

2. 非洲自然资源丰富，但利用率低。非洲赤道附近的热带雨林有丰茂的竹林和藤本植物，热带草原有茂密的草本植物，但基本未被有效利用。以竹林为例，2013 年，在撒哈拉以南地区有 300 万亩的竹林覆盖面积，主要集中在热带雨林地带，占非洲大陆森林总覆盖面积的 4%，其中埃塞俄比亚最多，大约为 100 万公顷，并且该国一直在逐年增加竹林的覆盖面积，预计到 2018 年达两百万公顷。但到目前为止，这些竹林的用途主要还是用于建筑脚手架或作为做饭

取暖燃料等粗放型砍伐利用，仅有少部分用于工艺①。而同样在西非及中非地区，茂密的森林区域缠绕着十多种藤本植物，尤其是在喀麦隆和加蓬两国国家，而到目前为止，尽管国际竹藤组织（INBAR）已经开始帮助非洲政府和地方企业开发利用当地的竹、藤资源，但仍然受到资金和技术的限制，未能有效将资源转化为财富。

3. 非洲有悠久的手工艺传统和基础。历史上北非埃及，西非马里、贝宁，中非刚果等国家在青铜工艺、木艺、陶艺、日用手工艺制品方面都有较大成就。当代非洲的木雕技术精湛，其铜版画、石刻、陶艺、草编方面也有一定技术基础，因此针对非洲不同国家的技艺水平进行因材施教式人力资源培训相对容易。

4. 当代非洲旅游业的发展也带动了纪念品等工艺产业的发展。目前布基纳法索、塞内加尔、科特迪瓦、加纳、肯尼亚、马达加斯加都是手工艺品生产和出口方面具有代表性的国家。但总体上非洲手工艺品出口远远落后于其他地区和国家。以出口至欧洲的产品为例，仅越南一国的就已经是布基纳法索、塞内加尔、科特迪瓦、加纳、肯尼亚和马达加斯加总和的19倍。非洲手工艺行业普遍情况是缺乏资金，手工艺生产现代化程度低，中国帮助非洲实现手工艺生产现代化有助于非洲经济发展。

（三）中国手工艺产业技术与规模，以及现有的人力资源培训机构和政策提供了良好的平台

1. 中国传统手工艺行业庞大，具有雄厚的技术力量支持。截至2012年，中国传统手工艺行业有5万多家企业，从业人员达

① 至今90%以上的撒哈拉以南非洲国家均采用木本植物进行取暖和做饭，并且竹子是其中最为主要的燃料来源。每年作为做饭燃料消耗的木本植物到2050年将达670万吨。近年埃塞俄比亚政府开始禁止作为燃料用途的木本植物的交易，并且积极寻求开发竹子的更多的途径。鲜为人知的非洲法语国家，如科特迪瓦西南部也有大片竹林，由于缺乏技术，竹林未被有效利用。目前中国已经开始在非洲部分国家有砖窑技术合作，但是远远未达到非洲的期待值。数据来源：http：//www.africanouvelles.com/africains-de-la-diaspora/lettres-des-lecteurs/5795-ethiopie-le-pays-mene-la-revolution-du-bambou.html，2015/8/30。

300多万人，行业产值达4000亿元，其中工艺美术品种有1865个，含传统工艺764个，此外工艺美术院校也达262所，职业学院156所，职业学校56所，教师46703人①。

2. 当前中国手工艺产业面临转型升级。20世纪90年代以来，中国传统工艺产业由于过分依赖海外市场，对国内市场重视不够，使部分传统工艺无法跟上时代步伐。根据2012年的数据统计，我国工艺美术品种共有1865个，其中属于传统手工艺的764个，发展良好的有959个，占51.42%，生存困难的有536个，占28.74%，濒危的有253个，占13.57%，停产的有117个，占6.27%②。中国手工艺行业要走出去，可以充分考虑非洲市场。

3. 中国已经为非洲人力资源培训搭建起了相关平台。中国政府设立的“非洲人力资源开发基金”、“中国扶贫基金会”等为非洲发展培养最紧缺的人才；中国文化部2014年对非省部合作设立的四个“对非培训基地”③ 先后举办过武术、动漫、陶艺、刺绣、竹编、声乐、文物修复等多种形式的对非培训班。中国可以积极利用这些平台，进一步推进中非手工艺技术的合作。

4. 中国政府已经做好通过产能合作加快非洲工业化的准备。在2015年中国外交部部长王毅其西非三国行中指出：“中方愿帮助非洲将丰富的自然资源转化为经济实力，通过与非洲开展产能合作，从当地资源的深加工开始，逐步帮助非洲建立独立的工业体系。在这方面，中方完全有能力、有条件成为非洲最理想和最可靠的合作伙伴。”陶艺、雕刻，以及手工艺品加工制造业都属于劳动密集型产业，中国在未来可根据非洲的市场帮助非洲发展手工艺产业。

---

① 宋清洁、康培莲．关于我国传统手工艺产业发展状况的调研报告[J]. 中国集体经济，2014（35）.

② 宋清洁、康培莲．关于我国传统手工艺产业发展状况的调研报告[J]. 中国集体经济，2014（35）.

③ 文化部设立的四个对非培训基地：中央文化管理干部学院、河南嵩山少林寺、天津霍元甲文武学校和浙江省文化馆。

三、合作与援助原则

对非手工艺技术合作与援助应以非洲的实际行情为基础。目前非洲常见的工艺品主要为木质、骨质、树皮、草本、金属等材料制成的生活器具、首饰、面具、雕像等。总体上，其产业规模仍主要以手工作坊为主，工艺水平具有民族纯朴质感但相对简单。虽然非洲国家手工艺行业也存在较为悠久的历史，但其现有的手工艺技术企业在组织和产品设计及质量等方面无法满足国际市场的要求。这其中有多方面的原因：一是非洲出口的工艺品无法保证质量的稳定性，样品常常与出口品不符。二是非洲的艺术品出口常常由于生产效率低而不能按期交货或生产，导致无法拿到大批量的订单；三是非洲生产的工艺品整体上在颜色、造型、尺寸等方面未充分考虑出口对象的文化和用途的要求；四是非洲手工艺人往往独自作业，缺乏与同行业及国际市场专业人士沟通的机制，以至于产品难以满足国际市场的要求。

因此，从非洲工艺品的实际情况出发，中非传统工艺合作可以围绕以下几方面开展。

1. 以实用型的现代生活工艺为主。中国传统手工艺历史悠久，种类丰富。按照技术类别可以分为十一大工艺品类：民族工艺及其他制品、雕塑、抽纱刺绣、锻冶、烧造、木作、髹饰、染织、编扎、画绘、剪刻工艺；按照生产数量来分，可以分成单件艺术精品的特种工艺、批量生产的现代生活工艺及现代制造技术工艺。按照艺术价值来分，可分为兼有观赏和收藏的价值高档工艺品（即特种工艺）和直接服务于生活的普通日用品。从就业和当地的物质需求角度考虑，日用型工艺、雕塑、烧造、编制等都是符合非洲地区需求的工艺技术。

2. 就地取材的原则。结合非洲丰富的木本、草本和藤本植物等自然资源，对非洲进行工艺技术培训可以木作工艺（家具）、编扎工艺以及雕刻艺术人员培训，尤其以编扎、竹艺、木艺、陶艺为主。

3. 技术培训与提高产销现代化程度相结合。帮助提高非洲已有的传统手工艺行业的现代化程度。一方面帮助提高非洲工艺生产装备和技术的现代化，另一方面对非洲工艺产销组织的从业人员进行人力资源培训。

4. 交流与推广并重。针对非洲现有的工艺美术，如雕刻、金属制品等，中非之间可以进一步加强艺术交流与合作。中国也可同时推广瓷器、漆器、中国画、竹简、筷子、青铜器、锡器、景泰蓝、京剧脸谱、茶叶、江南刺绣、深海贝珍珠、少数民族手工艺品等工艺品，互相启发促进中非工艺技术的发展。

四、合作渠道及援助方式

中非手工艺交流与合作，可以采取官方、民间和国际平台三种方式。

（一）政府加强对非洲传统工艺技术从业人员的培训

1. 增设对非工艺技术培训基地，提高工艺培训的频率和增加受训的对象国数量。目前中国文化部设立的四个对非人才培训基地中仅浙江文化馆培训基地主要以工艺技术为主，但是培训频率较低，并且主要以邀请非洲学员来中国为主，成本高而受益国数量也相对有限，今后可以适当考虑增加境内外培训基地和受训对象。

2. 向非洲派遣工艺技术专家，或帮助建立工艺作坊、生产线，进行现场实地培训非洲工艺人才。传统手工艺行业多采取师傅带徒弟的授艺方式，这样能够让徒弟在工作一线学习技艺，加快提高他们的技术能力，这与非洲工艺技术传承方式一致。

3. 通过中国驻外文化中心或者孔子学院，打造设计系列对外工艺技术品牌培训课程。针对各地资源和实际需求，开设工艺技术培训班，定期举办工艺技术培训。品牌课程应注重因人因材施教，理论与实践相结合，全面传授技艺，完善跟踪机制，巩固培训成果。

4. 资助非洲手工艺企业、艺人来中国参加国际工艺品展览会；

加强中非国立博物馆之间的馆际交流，互办工艺品展览；积极发挥中国工艺（集团）公司等国有企业在中非艺术交流合作中的战略作用。

（二）民间加强非官方的艺术交流与合作

1. 进一步促进中非艺术地方交流与合作，鼓励地方文化馆、手工艺企业或机构拓展中非艺术交流与合作。

2. 鼓励和引导中国中小企业走进非洲，利用当地丰富的自然资源和人口红利实现产业转型或升级。

3. 鼓励中非工艺美术院校之间的交流与合作，鼓励中国工艺美术海外办学，建立相关联合研究或办学机构。中国可以加大对非洲实践型工艺人才的培养，部分工艺课程国际化合作办学。

4. 充分发挥中非人民友好协会、中国民间组织国际交流促进会、中国国际扶贫中心和中国扶贫基金会在中非工艺合作与交流方面的作用。鼓励中非艺人、工艺专家、企业家进行联合互访，开展研讨会，促进民间交往。

（三）利用国际平台，尤其是联合国教科文组织下的世界手工艺理事会①，积极加强中非手工艺在技术标准、创新、培训、产业化等领域的交流与合作

近些年来，中非双方也开展了一系列具体的文化活动，如非洲很多国家主办了中国绘画、雕刻、当代油画、水彩画展等文化活动；中国在很多非洲城市也开展了杂技、舞蹈、文化遗产等艺术门类的培训。中非双方还开展了中非文化年活动。这些活动对中非间日益增长的文化交流起到了重要作用，但同时也具有比较鲜明的文化“推广”特色，互动性交流与合作还需要进一步增强。

不可否认的是，进入新世纪以来，中非在科学技术、资源合作和人力援助培训方面，也相继有不少文件产生：2000 年 10 月，

① 世界手工艺理事会于 1964 年 6 月 12 日在美国的纽约成立，并成为联合国教科文组织的下设机构，是一个非盈利非政府组织。

"中非合作论坛——北京部长级会议"通过了《中非合作论坛北京宣言》和《中非经济和社会发展合作纲领》，中国承诺大力拓展对非洲人力资源开发等领域的合作；2006年1月，中国发布了《中国对非洲政策文件》，该文件反映了中国在三个文化交流领域的对非洲战略：旅游合作、人力资源开发与教育合作，以及民间交流；2006年11月，中非合作论坛北京峰会举行；2009年11月，通过了《中非合作论坛沙姆沙伊赫宣言》，进一步强调中非合作的可持续发展与交流领域的扩展，随后，"中非科技伙伴计划"启动，中国对非科研援助加强；2012年中非合作论坛第五届部长级会议通过的《北京行动计划2013—2015年》，首次促成了国家对中非艺术交流、合作与援助的实际行动的兑现。这些文件都有力地推动了中非技术合作，对未来手工艺技术方面，也具有深远的历史意义。

五、中非手工艺合作的注意事项

中非传统手工艺技术的合作与交流涉及调研、知识产权等难点和环保、媒体操作事项等问题。

（一）调研先行

至目前为止，非洲国家普遍缺乏统计，因此对手工艺现状也难以获得准确的数据。所以，中非手工艺合作应调研先行，包括自然景观、博物馆、展评会、作坊产区等的考察。

一方面，要对非洲进行自然资源调研，确定具体的区域与国家，针对不同的国家的资源实施不同的工艺技术援助与交流合作；对非洲现有的工艺品技术水平进行调研，确定合作的程度和方向。如在西非科特迪瓦，木雕、陶艺、编织、染色等工艺都具有相当悠久的历史，科特迪瓦竹林、藤本植物亦丰富，中国可加强对科的编织、陶艺、竹艺等方面的合作与援助。

另一方面，还应对非洲各地区工艺品市场、各民族的社会历史、风尚习俗、地理环境、审美观点等进行调研，帮助开发具有民族特色的工艺品。如结合当地复杂的宗教，习俗启发改进或开创新工艺产品等。

（二）理清知识产权

传统手工艺涉及产权知识，因此在合作交流以前应把知识产权归属处理清楚，然后分别采取技术让与、技艺交流、产权保护、帮助开发等方式。如草编、藤编、竹艺、陶艺等可直接传授技术；如木雕、面具、绘画、石雕等加强艺术交流；对于纯粹意义上的完全具有中国民族特色的工艺品，如苏州刺绣、宜兴紫砂、扬州漆器和南京云锦等限于艺术交流或展览；另一类“中国制造”的并不具备典型中国民族特色的工艺品，即小商品，可以考虑产业转移至海外。在传授技艺过程中，重点启发非洲人挖掘具有他们民族特色的产品的开发。

（三）注重环保

对非手工艺合作应增强工艺品的环保概念和提升产品质量。充分利用非洲自然材质制作工艺品，如柳编或树皮制品，用树皮、树叶、羽毛、碎布、昆虫标本等材料制作的美术画，用传统手工方法刺绣的门帘、窗帘、床罩、台布、饰画等手工刺绣类家庭室内用品；麦秸制品类，用麦秸编织出各种小动物、小玩具、工艺画、居室饰物等工艺品；玉米皮制品类用玉米皮编织的坐垫、床垫、靠垫、拖鞋等生活用品等。此外，非洲传统手工艺还善于回收旧物品进行工艺创新，因此，中国也可充分结合这一特点进行研究。

（四）做好媒体宣传

为非洲国家培训文化艺术领域人才，是中国开展对非洲文化合作的一项重要内容。迄今为止，我国在非洲国家已经开展的实用工艺技术培训包括：皮革加工、手工编织、刺绣、竹藤编技术培训等，此外，人力资源开发与合作不断，近二三十年来，中国应非洲国家的要求，派出数百名各类文化艺术专家赴非洲国家讲学，或举办艺术类专业培训班，内容涵括美术、舞蹈、杂技、文博、图书、档案、体操和武术等诸多方面，为加纳、肯尼亚、苏丹、坦桑尼亚、埃塞俄比亚等国培训杂技演员及教练50余人①。媒体都应在这些方面做好推介，为政府、企业、民间交流机构做好宣传，提供参考。

六、结语

当今中非交往仍以政治和经贸合作为主，尽管人文合作与交流在逐级深入，但离中非之间的相互深度了解与中非文化认同还有一定的距离。加强中非手工艺合作，提高非洲手工艺产销的现代化，是一项双赢的决策。它不但可以一方面解决部分中国手工艺产业企业转型的问题，同时也为非洲国家实现自力更生提供技术支持。艺术是没有政治意识形态的交流媒介，因而也是真正能触及中非民众心灵，增进互相了解的领域。

但也应该看到，广大非洲大陆城市化水平较低，人口普遍受教育程度低，尤其是撒哈拉以南非洲普遍基础设施落后，生存环境和医疗卫生等恶劣的现实②，这使中非手工艺技术和产业合作可预见到一系列困难。因此中国对非手工艺合作与援助的同时，需要政府和民间力量的共同推进，才能更好地以工艺技术培训与交流带动人文艺术交流，给非洲人带来真正的实惠，并使中国的部分几近失传的工艺技术得以传承，促进中国工艺技术现状的转型。

---

① 解飞．中国同非洲国家的文化交流与合作[J]．西亚非洲，2006(6)．

② 北非与撒哈拉以南非洲的城市人口比例分别只有47.8%和32.8%。撒哈拉以南地区多数国家文盲率高达近50%。

其　　他

中法非城市化发展模式比较

王　战　荣娇婷
武汉大学法语国家研究中心

一、引言

城市化发展模式是指城市化的方向、战略、速度、实现路径的总称，它受到该国历史、政治、经济、人口、地理条件、文化等因素的影响和制约，是这些因素的集中反映。对中外城市化发展模式比较研究，有利于更深刻了解我国城市化发展的特殊性，从而选择适合我国国情的实现路径。

法国，作为西方发达国家典型代表，早已实现城市化。以阿尔及利亚为代表的非洲国家，则与中国同属第三世界发展中国家，其城市化发展亦较为迅速。这些国家的城市化发展模式对于中国城市化发展具有重要借鉴和参考意义。

二、传统城市化发展理论模型

在传统的城市化研究中，人口的乡村—城市迁移往往被视为城市化过程的关键因素。例如以刘易斯为代表的古典人口城市化模型，该理论模型认为只要工业部门工资水平高于农业部门 30%～50%就能引起农村剩余劳动力向工业部门流动；以托达罗、拉尼和费景汉为代表的新古典人口城市化理论则未具体界定城乡收入水平的差异，认为只要存在差异即可引发农村剩余劳动向城市迁移。

这些传统城市化一般理论模式普遍认为，城市化是在城市拉力作用下，大量农村人口向中心城市集聚的过程。这种城市化模式是建立在以英美法等西方国家为主要代表的城市化历程基础之上的，其主要表现为大量农村人口因显著城乡差距而向城市迁移，同时城市空间在外生力量的推动下呈被动性扩张，如图 1 所示。

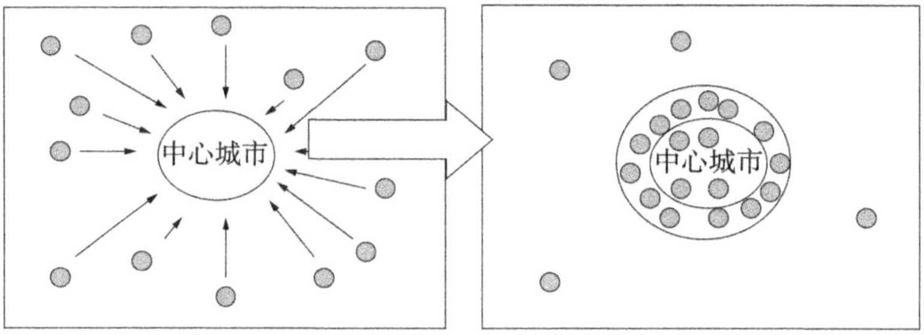

图 1　传统城市化模式示意图

以上两图反映了传统城市化模式下人口向中心城市集聚和城市空间扩张的过程。该城市化模式的优势在于发展动力足，效率高，在大城市众多利好因素的引力下，城市化发展进程较快；劣势在于人口集聚受到城市承载力的限制，最后导致众多贫民窟的出现。因此，传统城市化模式多发生于靠外来务工人员（或农民工）作为城市化率提升的主要推动力且经济基础较为雄厚的大城市地区。

三、法国城市化模式

工业革命前，90%的法国人居住在乡村。工业革命后，城市化快速发展，社会历史深刻变革，城市居住人口大幅提升。截至 2013 年，法国城市化率达到 77.5%。

（一）城市化起步时期：人口在省内向城市流动

19 世纪上半叶，农村人口主要在省内向省会城市流动。大约三分之一的马赛人出生于罗纳河口省，相当一部分里昂市民来自罗纳省，图卢兹的市民多来自上加龙省，里尔居民则多来自诺尔省。在一些小城市，几乎所有市民均来自该省农村地区，如法国南部小城罗德兹，约95%的市民出生于阿韦龙省。

（二）城市化全面发展时期：农村人口向全国各城市迁徙

直到19世纪中叶，法国市民迁徙来源地图，开始逐渐向外省扩散。如第戎市不再只吸引周边地区农民，而其东部弗朗什-孔泰地区及贝尔福省农村人口亦逐渐向第戎流动。除了上加龙省，热尔省、加尔省、罗纳可口省的农村人口纷纷向图卢兹流动。

城市人口的增长，除了农村人口流动带来的动力以外，周边国家人口流入影响也不容小觑。第二帝国末期，鲁贝市约55%的人口来自比利时；1986年，里尔21.6万人口中有4万居民为比利时人。数据显示，1911年，在巴黎、尼斯、马赛、里尔四大城市就有10万意大利人。

（三）城市化匀速发展时期

自18世纪下半叶开始，法国城市化迈入匀速发展阶段。从下表可以看出，从1881年开始，也就是第三帝国前期，农村迁往城市人口年平均数量较为平稳，年均迁城人数约11.5万人左右，见表1所示。

表1 **1876—1911年法国农村迁往城市人口数量（单位：万人）**

阶段	1876—1880年	1881—1885年	1886—1890年	1891—1895年	1896—1901年	1906—1911年
农村迁城人数	82	45	57~58	57~58	67	77
年均迁城人数	16.4	9	11.4~11.6	11.4~11.6	13.4	15.4

【资料来源：杨澜．中法乡村现代化若干发展领域的比较研究．西北农林科技大学硕士学位论文。】

（四）城市化基本实现

法国农村人口大迁徙的第一波浪潮始于20世纪上半叶，此后农村人口开始持续下滑。第二次世界大战期间，农村人口向城市迁徙的浪潮覆盖全国，尤其是法国南部地区及山区，如阿尔代什省、上普罗旺斯阿尔卑斯省、洛林地区。

尤其在“一战”以后，法国经济迅速恢复，1931年工业产值占国民生产总值的56%，基本上实现了工业化。城市化伴随着工业化进程得以快速发展，大批农村人口向城市转移。1921年，城市人口占全国总人口比例为46.4%，到1931年，这一数据达到51.2%，这时城市人口第一次超越农村人口。

法国历史上最近的一次农村人口大迁徙始于1945年，这一浪潮主要在法国西部掀起，如布列塔尼地区，安茹地区。以致于法国的人口分布形成了“对角空城”的局面。

至1954年，法国城市化率已达69%，也就是说，法国在“二战”后已基本实现城市化。

（五）人口逆城市化时期

当城市化发展到一定阶段趋于饱和时，城市人口会向农村和小城镇回流。在法国，人口回流具有郊区化特征，也就是说城市人口并没有直接回到农村地区，而是向郊区聚集，因此形成了郊区城市带。

根据法国生活条件观察研究中心（CREDOC）数据显示，1990年至1999年十年间，法国城市人口增长了2.5%，郊区人口增长8%，而农村地区人口仅增长0.6%。1999年，约有9344739名居民聚集在城市郊区，形成了10808个规模不一的小城镇，这些城镇占据法国城镇总数的30%。

因此，法国的人口逆城市化还处于郊区城市化阶段，城市人口并没有向农村地区回流，而是向郊区聚集。

四、非洲城市化模式

自20世纪以来，非洲人口增长持续迅猛增长。2013年数据显示，非洲人口自然增长速度为2.3%，为世界之最。与此同时，非洲城市化在城市人口膨胀中快速发展。1950年，非洲城市化率仅为14.5%；1975年，其城市化率增长到25.7%，2007年，这一数据为38.7%。2006年，根据联合国人类住区规划署的最新统计数据，非洲现在是城市化发展最快的大陆。根据联合国人口基金2007年6月发表报告称，预计到2030年，非洲城市人口将从2000年的2.94亿猛增至7.42亿。

这一增长的原因主要归结于大量农村人口向城市迁徙流动与城市人口自然快速增长。

在非洲众多发展中国家当中，阿尔及利亚、利比亚、突尼斯等众多国家城市化率均远远高于中国水平。如阿尔及利亚，1966年其城市化率为31%，此后保持以每年1%的速度增长，至1998年，阿尔及利亚城市化率便已达到61%。1998年至2008年十年间，其城市化率由61%增长至65.22%。这十年间阿尔及利亚城市人口年均增长率为4%，而其年均人口自然增长率保持在2.15%，也就是说，城市人口自然增长为城市化发展提供了53.73%的动力，而剩下的46.27%则源自农村人口的迁徙。截至2011年，阿尔及利亚城市化率已达73%，远远高于同期中国城市化水平的51%。

五、中国城市化模式

自中华人民共和国成立以来，中国城市化经历了一个由起步、徘徊到加速发展的过程。纵观中国城市化进展史，城市化进程与各时期经济、政治、社会发展密切相关，表现出强烈的阶段性。将中国城市化起点确定在中华人民共和国成立的1949年，是因为当时城市人口比重占全国总人口的10.6%，这一比例和城市化历史起点为城市人口占总人口数10%以上的世界标准一致。此后的中国城市化发展历程，以1978年开始的改革开放为转折点，分为两个历史时期：

改革开放前，政治、经济上的剧烈波动、起起伏伏，决定了这一时期的城市化道路艰难曲折，城市化进程极为缓慢。城市化水平从 1949 年的 10.6%上升到 1978 年的 17.92%，年均提高了 0.24 个百分点，远远低于世界同期水平。

改革开放后，城市化进程经历了几个不同阶段。改革开放释放出的巨大活力，促进了经济、社会的巨大发展。城市化也进入了一个新的历史时期。这一时期的城市化可以分为三个阶段：1979—1984 年，以农村经济体制改革为主要动力推动城市化阶段；1985—1992 年，乡镇企业和城市改革双重推动城市化阶段；1993 年至今，城市化全面推进阶段。

官方数据显示，截至 2013 年，中国城市化率已达 53.7%。对于部分发达地区而言，城市化率直逼 90%：2013 年数据显示，上海、北京、天津城市化率分别为 88.02%、86.3%、78.28%；广东、浙江、江苏等省份城市化率亦分别达到 67.76%、66.45%、62.96%，均超过全国平均水平。但从全国各省城市化水平来看，仍有 18 个省份城市化水平低于甚至远低于全国平均水平，尤其是中西部地区省份，如陕西、江西、湖南、安徽、四川、河南、甘肃、贵州等省，城市化率分别为 51.31%、48.87%、47.96%、47.86%、44.9%、42.4%，40.13%、37.83%，西藏地区甚至不足 20%。

这些数据说明中国城市化发展水平地域差异较大，如东部地区的上海，其城市化率全国最高，上海市 2400 万常住人口中，只有 1420 万人拥有上海户口，也就是说，近千万外来人口迁移至上海，从而进一步推断出上海市的城市化主要依靠流动人口的增长。而对于经济发展较为缓慢的中西部地区，其城市化发展将是我国未来城市化的主要增长点，但依靠人口流动带动城市化发展这条路显然是不符合实际的，对于人口没有经历大规模迁徙的地区，就地城镇化便为其城市化发展主要模式。在 2014 年中国政府工作报告中，国家总理李克强曾指出，要引导一亿人在中西部地区就近城镇化。

朱宇在 20 世纪 90 年代末研究我国福建省沿海地区城市化时率先采用了“就地城镇化”这个概念，是基于当乡村聚落和人口没有经过大规模迁移而实现向城镇转化而提出的。就地城市化主要表现为农村人口不向城市迁移，而是就地转变为城镇人口，与此同时，农村地域就地转变为城镇地域，如图 2 所示。

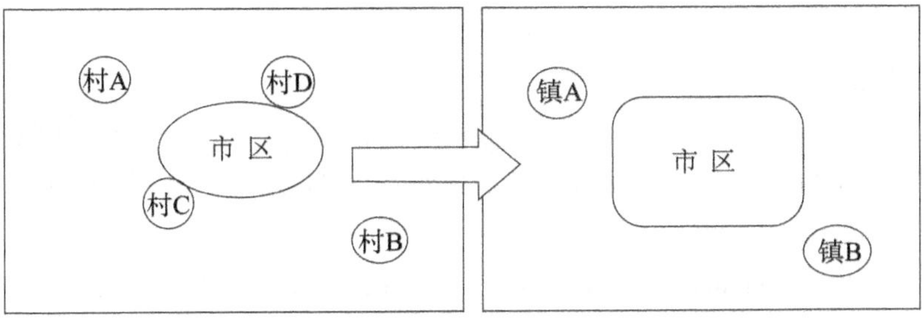

图 2　就地城镇化模式示意图

就地城市化一般发生于经济力量相对薄弱、以农业经济为主的地区，城市规模一般不大，城乡转化较慢，城市化过程呈现出渐进性特征。

因此，中国城市化发展呈现出较强的区域特点。在经济发展较为发达的东部地区，依靠外来人口流动，已经高度城市化。而在经济相对落后的中西部地区，地城镇化为其主要发展模式，大量农业用地转变为城市建设用地，农业人口就地转变为城镇人口。

六、结论

中、法、非三个国家和地区，分别作为发展中国家和发达国家的典型代表，其城市化发展模式表现出多样性和各自的特殊性：

法国城市化发展模式为典型传统城市化模型代表，城市依靠外来人口迁移流动实现高度城市化，在城市化发展趋于饱和后，人口向郊区转移，逆城市化（即郊区城市化）趋势逐渐显现。

非洲城市化发展主要源自两大动力：一是外来人口流动使得城市人口迅速增长；二是城市人口自然增长较快，进一步促进城市人口比重的增加。

中国城市化模式则呈现出明显的区域特点，经济发展较快的东部地区主要依靠外来人口迁移推动城市化发展，而在经济发展较为缓慢的中西部地区，外来人口相对较少，城市化模式表现为就地城镇化，即当地农业人口就地转变为城镇人口。

参考文献

[1] Georges Duby. histoire de la France urbaine [M]. Seuil, 1981.

[2] Michel Coquery. L'urbanisatin française. Annales de Géographie. 1965, N. 406.

[3] Milton Santos. Croissance et urbanisation en Algérie. Méditérranée. 1997. 8.

[4] Zhu Yu (2000). In situ urbanization in rural China: Case studies from Fujian Province. Development and Change, 2.

[5] 王国栋. 中国中部和东部就地城市化差异——中原城市群和海西城市群比较研究[S]. 创新, 2010 (5).

[6] 牛文元. 中国新型城市化报告[M]. 北京: 科学出版社, 2013.

[7] 杨澜. 中法乡村现代化若干发展领域的比较研究[D]. 陕西: 西北农林科技大学, 2009.

[8] 马生祥. 法国现代化(下)[M]. 石家庄: 河北人民出版社, 2004.

[9] 刘云喜. 中国农村经济转型条件下的农民就地城市化问题研究[D]. 北京: 中央民族大学, 2012.

[10] http://www.populationdata.net/index2.php?option=pays&pid=4.

[11] http://www.stats.gov.cn/.

中法在非洲可以双赢

宋鲁郑
复旦大学中国发展模式研究中心

一、非洲在全球的重要性

非洲是世界面积第二大洲，同时也是人口第二大洲。进入21世纪，非洲在全球的战略地位迅速上升。非洲也再度成为大国角力的场所。这固然和中国的崛起、全球化的深化以及西方经济危机的困境有关，但根本的还是非洲独特的优势。

一是资源丰富。包括农业资源（目前非洲国家尚有大量可耕地没有得到有效的开发利用）、丰富的煤、石油、天然气和铀矿资源，是世界能源市场的供应者以及铂、锰、钌、黄金等稀有金属，铜、锌、铁、钻石、磷酸盐等矿产资源。

仅以南非为例，它是世界五大矿产国之一，黄金、铂族金属、锰、钒、铬、钛和铝硅酸盐的储量居世界第一位，蛭石、锆、钛、氟石居第二位，磷酸盐居世界第三位，锑、铀居世界第四位，煤、钻石、铅居世界第五位。南非是世界上最大的黄金生产国和出口国，黄金出口额占全部对外出口额的三分之一，因此又被誉为“黄金之国”。

还需要指出的是，非洲的动植物资源尤其丰富。植物至少有40000种以上，森林面积占非洲总面积的21%。全洲盛产红木、黑檀木、花梨木、柯巴树、乌木、樟树、栲树、胡桃木、黄漆木、栓皮栎等经济林木。草原辽阔，面积占非洲总面积的27%，居各洲首位。非洲大型野生动物的种类和数量均居世界各洲首位。

二、年轻的人口结构

第一，在全球人口老龄化日益加快的今天，非洲却逆势发展，日趋年轻化。

目前非洲共有人口约10亿，并以年均2.3%的速度增长，远高于亚洲的1%，是世界人口增长最快的地区。根据2011年的统计，非洲国家老年人比例绝大多数在7%以下，超过10%的仅三个国家。青年人成为人口主体，目前非洲人口平均年龄为20岁，相比亚洲和欧洲，这一数字分别为30岁和40岁。非洲人口年轻化的趋势还将继续，一份研究报告显示，在撒哈拉以南非洲，预计到2040年，15~24岁的年轻人人数每10年将以15%~20%的速度增加。显而易见，非洲国家充足的人力资源可以为经济发展提供足够的劳动力。据复兴资本公司今年公布的报告说，在撒哈拉以南非洲，预计到2040年，15岁至24岁的年轻人人数每10年将以15%~20%的速度增加。

第二，伴随人口增长的是迅速的城市化和消费市场的扩大。

据麦肯锡季刊调研预测，到2015年，非洲的人均GDP年均复合增长率为4.5%，这将推动消费者支出增长超过35%。非洲的人口增长率为2%，再加上持续进行的城市化，估计到2015年，非洲市场将出现2.21亿基本需求型消费者。其结果是，消费者数量超过1000万且每年的国民总收入超过100亿美元的国家数量，将从现在的22个增加到30个。

第三，非洲已经是全球经济增长最快的地区之一。

英国《经济学家》曾发表题为《非洲崛起》的文章指出，在过去10年里，世界上发展最快的10个国家中，有6个是非洲国家。在过去10年中的8年里，非洲的增长速度要快于东亚，其中包括日本。有资料表明，21世纪头10年，非洲经济年均增速5.7%。2011年，尽管世界经济形势不佳，但是撒哈拉以南非洲地区GDP增长率达到5.2%，远高于欧美地区。据预测，今后5年全球增长最快的 10 个经济体将有 7 个是非洲国家。非洲已成为继亚洲、拉美之后的第三个全球“增长极”。

第四，非洲共有 54 个国家，在联合国拥有巨大的影响力。在国际外交上，任何大国都不能无视非洲的存在，都需要争取到非洲的支持。

三、中法双赢的原因

1. 中法两国良好互利的大国关系

首先，从地缘政治角度看，中法相隔万里，双方不存在核心冲突。彼此往往是合则两利。比如两国之所以建交，是因为法国欲在冷战中走独立于美国的外交路线，中国则欲借此击破美国的封锁。

其次，均为世界大国的中法两国在全球多极化、战略平衡、强化全球治理等方面拥有共识。

也就是说，中法两国一方面国家利益之间没有不可调和的矛盾，另一方面在国际事务层面还具有多方面的共同利益。这样，当中法两国进入同一领域比如非洲时，双方良好的关系又有助于化解可能存在的冲突。这和“冷战”时美苏在非洲的争夺完全不同。

2. 中国和法国在非洲的实力过于悬殊，不具有竞争性

由于历史的原因，法国在非洲的影响力巨大而深远。政治、经济、军事、语言文化、情感上的优势，就是美国都难望其项背。今年 7 月 25 日，载有 51 名法国乘客的阿尔及利亚客机在马里坠毁，法国战斗机迅速赶到并发现残骸，并且派兵保护现场。放眼全球，也就只有法国拥有这样的实力。不少非洲国家视法国为其利益代言人，甚至经常以“父亲”相称。而法国也常常以此自居。比如今年法国就出版了这样一本书——《爸爸奥朗德在马里》。

1949 年以来，中华人民共和国成立后 60 多年间，虽然和非洲各国关系良好，也一直支持反殖民运动，但中国的存在仅仅限于经济层面（唯一的政治诉求是支持一个中国），双方也是平等的互助关系，这和法国的主导型角色完全不同。如果说法国和非洲类似于父子，中国和非洲更类似于兄弟。可以说在可预见的未来，中国既无意愿也无实力改变法国在非洲的影响力。

3. 中法两国在非洲关注的重心不同，而且有相当程度的互补性

目前非洲的第一大挑战是消除贫困。中国的崛起发挥了积极的作用。中国既可以提供高效、及时的贷款，改善基础设施，提高资源加工水平，也能提供物美价廉适合非洲需要的工业制成品。不仅如此，中国对原材料的巨大需求，提高了非洲的议价能力。非洲经济的发展，必然促进非洲的稳定。而一个稳定的非洲，符合法国的国家利益。

其次要打击极端带有宗教色彩的恐怖主义，经济发展同样是非常有效的方式。一年来，为了打击恐怖主义，法国已经两度出兵非洲，承担了重大的责任。这对仍然没有完全摆脱全球经济危机影响的法国来说也是沉重的负担。当然，法国提供的安全和稳定保障，中国也是受益者。

目前西方对中国的批评集中在“无条件合作”原则上。不过从现实来看，中国尊重他国发展道路的做法，要优于西方干涉内政的模式。伊拉克和利比亚就是最鲜明的例子。现在不但这两个国家连国家统一和稳定都做不到，而且也令西方付出沉重代价。法国在20世纪六七十年代推行非殖民时，曾要求非洲各国移植西方制度，结果引发各国政局动荡，以致法国不得不改变政策，要求制度变化要根据自己的国情。今天中国的做法和当年法国异曲同工。

四、展望未来中法两国在非洲的合作

虽然中国很快将成为全球第一大经济体，在全球和非洲的作用日益突出，但实力的变化并不会根本改变中法两国在非洲的存在以及合作格局。一是法国在非洲由于历史因素而形成的影响力不可复制。没有任何一个国家可以在重复西方殖民化的做法。二是中国的政治传统是“王者不治夷狄”，中国没有主导他国事务的传统惯例。中国在非洲和在世界其他任何地方一样，都是平等互利。可以说，除非法国自我改弦易辙，目前中法在非洲的存在和合作互利模式将长期存在。

中非民间交流与问题

张　洁
广东外语外贸大学

中非交往源远流长，历久弥新。进入21世纪以来，双方在政治、经济、文化上更是有了突飞猛进的发展。不仅如此，双方民间的交往也日益加深。越来越多怀揣“中国梦”的非洲人东行来到中国，也有越来越多的中国“淘金者”西行去往非洲。随着双方交流的增多，中非跨文化交际问题开始日渐凸显，并对中非关系的深化发展造成了极大的影响，对中非跨文化交际问题的研究势在必行。

中国与非洲都是人类文明发祥地，两地虽相距万里，远隔重洋，中非交往的历史却源远流长。进入21世纪以来，中非双边关系在政治、经济、文化各方面都达到了一个前所未有的新高度，双方确立了“政治上平等互信、经济上合作共赢、文化上交流互鉴”的新型战略伙伴关系。改革开放三十年以来，中国的经济实力有了本质上的提升，并一跃成为世界第二大经济体，在国际舞台上的地位日益重要。中国取得的巨大成就让非洲各国深受启发，非洲各国纷纷来到中国取经，非洲开始“向东看”。

而非洲自2000年起开始进入一个相对稳定的经济发展时段。由于其幅员辽阔，物产丰富，人口众多，政治局势也大致趋于平稳，非洲成为全世界发展最快的地区之一。在经济全球化的大趋势下，中国正开启着“走出去”的步伐，而非洲这片富饶的土地正是中国“走出去”战略中的重要一站。在这样的背景下，中非经贸合作迅猛发展。“2000—2008年，中非贸易的年平均增长率达到

40%。2003—2007年中国对非直接投资增长率更是达到惊人的2000%。"① 短短8年间，双方经贸总额从2000年的100亿美元增长到2008年的1000多亿美元。到了2013年，"中非贸易额达1985亿美元，同比增长19%，是历史最高，近10年平均增幅超过30%。我国自2009年起已连续4年成为非洲第一大贸易伙伴国。

此外，非洲是我国海外能源资源的重要供应地、我国第二大海外承包工程市场。"② 就目前的发展趋势来看，到了2015年，中非贸易总额有可能突破3000亿美元大关。在双方经贸关系快速发展的促使下，中非各领域、各层次的发展也日见拓展，双方的民间交往也快速升温。随着中国人与非洲人的交往日益增多，双方在跨文化交际中遇到的问题也越来越多，如何处理双方的跨文化交际问题成为中非交往中一个新的课题。

一、非洲来华人员情况概述

1. 来华非洲人动机类型

在世界移民浪潮全球化和中非经贸关系快速发展的背景下，不少怀揣"中国梦"的非洲人为了改善生活水准而到中国来寻求更佳的发展机会。"越来越多的非洲商人开始涌入中国，由此导致了中非关系逐渐呈现出下移的态势，中非民间交往成为中非交往的主力军。"③ 根据国家旅游局的数据，2013年，共有53.27万非洲人进入

---

① 刘中伟．非洲国家"向东看"[M]//杨光．中东非洲发展报告（2010—2011）：解析中东非洲国家的"向东看"现象．北京：社会科学文献出版社，2011：55-65.

② 王珂，王丹．习近平主席访问非洲成果丰硕[EB/OL]．人民网-人民日报，（2013-04-11）[2013-08-07]．http：//politics. people. com. cn/n/2013/0411/c1001-21093460. html.

③ 温国砫．非洲商人在广州的社会融合度及其影响研究——基于移民适应理论的视角[J]．改革与开放，2012（4）：111-113.

中国境内①，其中有24.13万人来华目的为商务和会议，18.97万人来华是为了观光休闲，4.96万人为服务员工，0.14万人来华是为了探亲访友，其余7.07万名来华非洲人的目的未进行详细分类，其中很大一部分是留学生。根据中国高等教育学会外国留学生教育管理分会的统计数据，2013年非洲来华留学生数为33358人②。根据以上数据，2013年来华非洲人动机类型见图1：

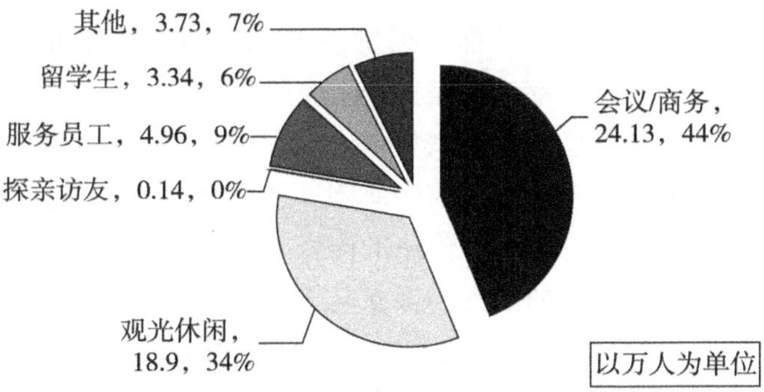

图1　2013年来华非洲人动机类型和人数

从图中数据我们可以发现，大部分来华的非洲人的身份为商人和游客，其次为员工和学生。据不完全统计，“目前长期居住、工作、学习在中国的非洲人达到了二三十万。”③ 而这些在华的非洲人一般选择居住在广州、香港、义乌、上海和北京等地。其中的广州和义乌两地，以其完善的服务设施，琳琅满目、物美价廉的商品

① 国家旅游局政策法规局.2013年1—12月入境旅游外国人人数（按目的分）[EB/OL].(2014-1-16)[2014-09-16].http：//www.cnta.gov.cn/html/2014-1/2014-1-16-15-51-87470.html.

② 中华人民共和国教育部.2012年全国来华留学生简明统计报告[EB/OL].[2014-09-16].http：//www.moe.edu.cn/publicfiles/business/htmlfiles/moe/s5987/201303/148379.html 和2013年全国来华留学生简明统计[EB/OL].[2014-09-16].http：//www.cafsa.org.cn/index.php？mid=6.

③ 许涛.在华非洲商人的社会适应研究[M].杭州：浙江人民出版社，2013：1.

以及开放友好的民风最受非洲人的青睐，目前两地业已形成较大规模的非洲人聚集区。

2. 在华的马格里布人

在诸多来华的非洲人中，一个来自北非马格里布地区的族群引起了我们的注意。他们在外形上和中东人类似，生活习惯也与他们十分相像，加上同样使用阿拉伯语，不少中国人将其与中东人画上等号。当得知他们是非洲人时，大多数人露出了不解的表情，不少人经常会问："非洲人不都是黑皮肤的吗？他们和中东人长得一样，我们不懂得分，都认为是一个地方来的。"

实际上，马格里布人是来华非洲人中的一个特殊群体。从地理来源来说，他们来自非洲大陆的北部。从民族构成来说，他们大多为阿拉伯人和柏柏尔人。从使用的语言来说，他们大多使用阿拉伯语和法语。面对国人的困惑，很多马格里布人往往表示很无奈，他们经常会说："你们（中国人）认为非洲人都是黑人，实际上不是那么回事，还有很多人认为我们和中东人一样，实际上差别大着呢。"

"马格里布"是一个内涵丰富的词汇，就其地理意义而言，马格里布指的是"除埃及以外的非洲北部所有区域。"① 尽管非洲大陆从地理方面是一个整体，由于撒哈拉沙漠的阻隔，撒哈拉以南的非洲与撒哈拉以北的非洲有着很大的不同。从人种上来说，马格里布居民大多数为白皮肤的阿拉伯人和柏柏尔人，而撒哈拉以南的非洲国家居民主体是黑种人（尼格罗人）。从文化上来说，历史上的北非与"地中海、小亚细亚、中东有紧密而复杂的关系，而在中世纪之后大体可以归入阿拉伯—伊斯兰文明的范围。"② 而撒哈拉以南的非洲则相对独立和封闭，发展出以黑人文化为核心的一套文化体系。在文化上，马格里布地区和中东不仅有着相似的民族构

① 萨阿德·扎格卢勒．阿拉伯马格里布史［M］．上海：上海人民出版社，1975：4.

② 刘鸿武，罗建波．中非发展合作理论、战略与政策研究［M］．北京：中国社会科学出版社，2011：91.

成，而且使用着同样的语言，有着同样的宗教信仰和生活方式，且同属阿拉伯文化圈。加上两个地区都有丰富的石油、天然气资源，文化和经济上的相似性和地缘关系使得他们在国际舞台上有着相似的处境。也难怪国内的研究机构往往将西亚、中东和北非视为一体进行研究。然而，马格里布地区和中东地区毕竟处在不同的大陆上，他们的政治立场和经济实力的差异也十分明显，而且马格里布地区有着根深蒂固的柏柏尔文化，这些都使其与众不同。不仅如此，马格里布地区还深受地中海文化以及欧洲文化的影响。由于北非地区与欧洲隔海相望，是非洲大陆与欧洲交流最为频繁的区域，加上又曾被欧洲殖民者长期殖民，他们受到欧洲国家的影响程度比之非洲其他地区的国家要更深，联系也要更加紧密。至今马格里布国家还将法语和阿拉伯语两种语言作为通用语言，媒体、报纸、杂志甚至授课都保持双语。总体来看，马格里布是非洲与其他地区交往最为频繁的区域，它兼有地中海、非洲以及中东三种不同文化的文化特性，加之其固有的柏柏尔文化，马格里布地区的文化可谓是兼具东西特色。

二、在非中国人情况概述

在越来越多的非洲人来到中国寻梦的同时，一批批的中国“淘金者”也看准了非洲这块新兴市场的发展机遇，迈向了西行的道路。

“非洲华侨华人社会的形成与发展大致经历了以下几个时期。第一个时期是 1800—1910 年，以契约劳工为主，兼有自由移民。第二个时期是 1911—1949 年，中国内乱和日本侵华给中国百姓带来了巨大灾难，迫使沿海数万居民出洋到非洲谋生。第三个时期是 1949 年以来，华侨华人自由移民至非洲，20 世纪 60—70 年代又以来自台湾地区的居多。90 年代以后，越来越多的中国人前往非洲，构成了中国人移民非洲的新浪潮。”① 非洲已经成为中国新移民重要流向地。由于“非洲国家移民政策法规不完善，人口统计数据

① 李安山．非洲成为中国新移民重要流向地［J］．中国社会科学报，2014-01-29（B06）．

不准确，中国劳工移民流动性较大，再加上中国人与日本人、马来西亚人和韩国人外貌体征差异并不明显"，且"新移民中包含大量通过非正常渠道出国者"①。在非华侨华人总数难以得到准确的统计。据学者估算，目前，非洲华侨华人总数已达100万左右，且分布在非洲的各个角落。非洲国家中中国移民最多的国家为南非、安哥拉和尼日利亚，三国的华人华侨数都超过20万人。②

非洲华人华侨在非主要从事经贸活动，大多为劳工移民和投资移民，还有不少为政府派遣的医疗队人员和企业外派人员。由于非洲一些国家政局动荡，部分国家宗教信仰和生活习惯与中国差异较大，加之前往非洲的中国人缺乏对非洲国家法律、文化、宗教、语言的了解，与当地人的交流大多停留在商务活动层面上，缺乏深层次的交流，导致大部分在非中国人的生活相当封闭，这也导致了中非跨文化交流的一系列矛盾和冲突。

总体而言，进入新世纪，伴随全球化进程的深入推进和中非合作的全面拓展和深化，越来越多的非洲人来到中国学习、工作和定居，同样的，越来越多的中国人走进了非洲。尽管中非两地有着美好的合作前景，两地人民也抱有相互了解的愿望，但由于双方文化差异较大，中非人民之间的交流仍出现了很多不可避免的摩擦和矛盾。

三、中非交流出现的问题

第一，中非双方的交流缺乏深度。

由于地理位置相隔甚远，语言、文化和生活习惯差异较大。尽管近30年来中非两地人民的交流已经逐渐增多，但总体而言中非

① 李鹏涛．中非关系的发展与非洲中国新移民[J]．华侨华人历史研究，2010（4）：24-30.

② 赵俊．论非洲华侨华人与中国对非公共外交[M]//浙江师范大学非洲研究院主办．非洲研究．（2013年第1卷）．北京：中国社会科学出版社，2013：206-218.

双方交流的深度和广度都仍显不足。无论是在中国的非洲人还是在非洲的中国人都处于一种相对封闭的生存状态，与当地人的交流浅尝辄止，这导致了中非双方对对方的了解流于表面。

第二，中非双方的形象问题。

从媒体和一些相关研究中我们可以发现，非洲人眼中的中国形象是复杂的，在他们看来，中国人是独立的一个群体，并不急于融入非洲社会。他们“吃苦耐劳”、“清心寡欲”，同时又“法律意识淡薄”、“不注意自身形象”、“扰乱市场”、“制造低质廉价商品”、“不团结”、“没有宗教信仰”还“什么都吃”①。在非中国企业的形象也可谓毁誉参半。从一份关于非洲人对中国企业的评价调查来看，在非中国企业的平均得分为60.10分，而西方为56.38分（满分为100分），中国企业的得分虽高于欧洲企业，但也只是刚刚及格。非洲人对中国企业的批评集中在“中国在非企业的本地化率”和“中国在非企业履行社会责任的情况”两个方面。非洲人普遍认为中国“一些产品质量较差、一些企业工作时间偏长、对环境保护不够重视等。”② 同样的，“非洲人对中非联系的态度远不像西方媒体描述的那样具有负面性，但是也不像一些中方资料所暗示的那样积极。”③

中国人对在华非洲人的印象也同样复杂。以广州小北聚居的非洲人为例，当地人将他们视为这个城市的过客。由于语言文化的差异，他们很少能够与当地人进行流畅的交流。而当地人则将非洲人聚居的几条街称为巧克力城，对其敬而远之。不少人认为那里

① 刘植荣．非洲人眼里的中国人[N/OL]．光明网-光明观察，(2009-05-22)［2013-08-08］．http：//guancha. gmw. cn/content/2009-05/22/content_924994. htm.

② 刘青海．中非合作：潜力巨大 未有穷期[N/OL]．国际商报，(2013-06-17)[2013-08-08]．http：//epaper. shangbao. net. cn/news-1041890. html.

③ 沙伯力，严海蓉．非洲人对于中非关系的认知(上)[J]．西亚非洲，2010（8）：69-72.

"什么都有，酗酒、毒品、妓女"……①即便是长期与非洲人进行交易的中国商人也仅仅将其视为商业伙伴，而且对他们的重视程度远远不及对欧美商人。不少客商表示与非洲人进行贸易只需要会简单的几个外文单词，根本用不上去特意学外语，而且他们往往言而无信，需要特别防范。大多数国人仍将非洲看成一个不发达地区，需要得到外界的援助，而非一个平等的合作伙伴。普通人愿意与非洲人进行深交的则更是少之又少。

第三，"中国威胁论"和"新殖民主义"负面影响的干扰。

随着中非经贸关系的发展，中国在非洲的影响力越来越大，这对在非洲扎根数百年的西方国家造成了一定的挑战和威胁。鉴于此，部分西方国家开始抛出"中国威胁论"和"新殖民主义"的论调，试图挑拨中非关系。这样的言论让非洲人对中国政府在非洲的投资以及援助的目的产生了一定的怀疑。尽管大多数非洲政府对中国政府的投资持欢迎态度，反对的声音仍不绝于耳。一些非洲媒体认为"中国投资负面影响多，出于政治目的，用工标准低，不尊重人权等。"② 加上西方媒体对中国负面形象的渲染，考虑到西方媒体在非洲巨大的影响力，"西方的中国形象具有某种'凌驾'意义，它不仅塑造现代中国的自我意识，也多少决定着世界其他地区国家的中国形象。"③ 在中非直接交流仍然偏少的情况下，这种带有"西方色彩"的中国形象无疑会给中非交流造成一定的影响。

对此，中非双方均认为：错误的刻板印象和语言的障碍以及文化的差异使得双方很难进行深入的交流，由此产生的误解、矛盾和冲突也极大地影响着双方之间的感情。在中非交流迅猛发展的今天，如何处理中非跨文化交际问题已成为中非关系研究中一个亟待解决的课题。

---

① 魏一平．非洲人在广州[N/OL]．三联生活，(2009-08-12)[2013-08-08]．http：//www.lifeweek.com.cn/2009/0812/25667.shtml.

② 崔守军．中国在非洲的错位形象[N/OL]．(2013-05-13)[2013-08-08]．http：//zhongwaiduihua.blog.caixin.com/archives/56605.

③ 李荣建．阿拉伯的中国形象[M]．北京：人民出版社，2010：24.

结束语

中非两地交往历史悠久，历久弥新。21世纪以来，中非双方在政治、经济、文化各领域、各层次取得的成就有目共睹。与此同时，中非人员流动也迅速增加，中非交往民间化趋势逐渐加强，非洲人与中国人面对面的接触也越来越多。然而，由于历史问题、地理原因和文化差异，中非民间交往往往流于表面，中非跨文化交际问题已成为中非关系深入发展的障碍，亟待学术界和政府的解决。我们相信，对中非跨文化交际问题研究不仅能增进我们对非洲的了解，同时也能从“他者”的眼光中更加全面地了解自我，还有助于学术界形成新的、适用于我国国情的跨文化交际理论。

参考文献

[1] 中华人民共和国教育部.2012年全国来华留学生简明统计报告[EB/OL].[2014-09-16].http://www.moe.edu.cn/publicfiles/business/htmlfiles/moe/s5987/201303/148379.html.

[2] 崔守军.中国在非洲的错位形象[N/OL].2013-05-13[2013-08-08].http://zhongwaiduihua.blog.caixin.com/archi-ves/56605.

[3] 李安山.非洲成为中国新移民重要流向地[J].中国社会科学报，2014-01-29（B06）.

[4] 李荣建.阿拉伯的中国形象[M].北京：人民出版社，2010.

[5] 李鹏涛.中非关系的发展与非洲中国新移民[J].华侨华人历史研究，2010(4).

[6] 刘鸿武，罗建波.中非发展合作理论、战略与政策研究[M].北京：中国社会科学出版社，2011：91.

[7] 刘青海.中非合作：潜力巨大　未有穷期[N/OL].国际商报，(2013-06-17)[2013-08-08].http://epaper.shangbao.net.cn/news-1041890.html.

[8] 刘植荣.非洲人眼里的中国人[N/OL].光明网-光明观察，(2009-05-22)[2013-08-08].http://guancha.gmw.cn/content/

2009-05/22/content_924994. htm.

[9] 刘中伟. 非洲国家"向东看"[M]//杨光. 中东非洲发展报告(2010—2011)：解析中东非洲国家的"向东看"现象. 北京：社会科学文献出版社，2011.

[10] 萨阿德·扎格卢勒. 阿拉伯马格里布史[M]. 上海：上海人民出版社，1975.

[11] 沙伯力，严海蓉. 非洲人对于中非关系的认知(上)[J]. 西亚非洲，2010 (8).

[12] 魏一平. 非洲人在广州[N/OL]. 三联生活，(2009-08-12)[2013-08-08]. http：//www. lifeweek. com. cn/2009/0812/25667. shtml.

[13] 温国砫. 非洲商人在广州的社会融合度及其影响研究——基于移民适应理论的视角[J]. 改革与开放，2012(4).

[14] 习近平主席访问非洲成果丰硕[N/OL]. 人民网-人民日报，(2013-04-11)[2013-08-07]，http：//politics. people. com. cn/n/2013/0411/c1001-21093460. html.

[15] 许涛. 在华非洲商人的社会适应研究[M]. 杭州：浙江人民出版社，2013.

[16] 赵俊. 论非洲华侨华人与中国对非公共外交[M]./北京：中国社会科学出版社，2013.